Das Erste Französische Lesebuch für Studenten

Eugene Gotye

Das Erste Französische Lesebuch für Studenten

Zweisprachig mit Französisch-deutscher Übersetzung

Stufe A1 und A2

Das Erste Französische Lesebuch für Studenten
von Eugene Gotye

Audiodateien: www.lppbooks.com/French/EFLS/

Homepage: www.audiolego.com

Umschlaggestaltung: Audiolego Design
Umschlagfoto: Canstockphoto
Alphabet français is an attribution with changes. It is exclusive of copyright:
www.wikiwand.com/de/Französische_Sprache

Table des matières

Inhaltsverzeichnis

So steuern Sie die Geschwindigkeit der Audiodateien

Das Buch ist mit den Audiodateien ausgestattet. Die Adresse der Homepage des Buches, wo Audiodateien zum Anhören und Herunterladen verfügbar sind, ist am Anfang des Buches auf der bibliographischen Beschreibung vor dem Copyright-Hinweis aufgeführt. Mithilfe von QR-Codes kann man im Handumdrehen eine Audiodatei aufrufen, ohne Webadressen manuell eingeben. Öffnen Sie einfach ihre Kamera-App und halten ihr Smartphone über den gedruckten QR-Code. Ihr Smartphone erkennt was sich hinter dem Code verbirgt und bittet Sie dem eingescannten Audiodateilink zu folgen.

Wir empfehlen Ihnen, den kostenlosen VLC-Mediaplayer zu verwenden, die Software, die zur Steuerung der Wiedergabegeschwindigkeit aller Audioformate verwendet werden kann. Die Steuerung der Geschwindigkeit ist auch einfach und erfordert nur wenige Klicks oder Tastatureingaben.

Android: Nach der Installation vom VLC Media Player klicken Sie auf die Audiodatei am Anfang eines Kapitels oder auf der Homepage des Buches, wenn Sie ein Papierbuch lesen. Wählen Sie "Open with VLC". Wenn Sie Schwierigkeiten beim Öffnen von Audiodateien mit VLC haben, ändern Sie die Standard-App für den Musik-Player. Gehen Sie zu Einstellungen→Apps, wählen Sie VLC und klicken Sie auf "Open by default" oder "Set default".

Kindle Fire: Nach der Installation vom VLC Media Player klicken Sie auf eine Audiodatei am Anfang eines Kapitels oder auf der Homepage des Buches, wenn Sie ein Papierbuch lesen. Wählen Sie "Complete action using →VLC".

iOS: Nach der Installation vom VLC Media Player kopieren Sie den Link zu der Audiodatei am Anfang eines Kapitels oder auf der Homepage des Buches, wenn Sie ein Papierbuch lesen, und fügen Sie ihn in den Download-Bereich des VLC Media Players ein. Nachdem der Download abgeschlossen ist, gehen Sie zu "Alle Dateien" und starten Sie die Audiodatei.

Windows: Starten Sie den VLC Media Player und klicken Sie auf die Audiodatei am Anfang eines Kapitels oder auf der Homepage des Buches, wenn Sie ein Papierbuch lesen. Gehen Sie nun in die Wiedergabe (Playback) und navigieren Sie die Geschwindigkeit.

MacOS: Starten Sie den VLC Media Player und klicken Sie auf die Audiodatei am Anfang eines Kapitels oder auf der Homepage des Buches, wenn Sie ein Papierbuch lesen. Nun, navigieren Sie zum Playback und öffnen die Optionen von Geschwindigkeit. Navigieren Sie die Geschwindigkeit.

Alphabet français

Französisches Alphabet

Groß	Klein	Name	IPA	deutsches Beispiel	Diakritika und Ligaturen
A	a	ah	/a/	Apfel	À à, Â â, Æ æ
B	b	bay	/be/	Baum	
C	c	say	/se/	Katze	Ç ç
D	d	day	/de/	Dorf	
E	e	eugh	/ə/	Erle	É é, È è, Ê ê, Ë ë
F	f	eff	/ɛf/	Flieder	
G	g	jay	/ʒe/	Garten	
H	h	ash	/aʃ/	Themse (stummes H)	
I	i	ee	/i/	Igel	Î î, Ï ï
J	j	jee	/ʒi/	Djakarta	
K	k	kaa	/ka/	Katze	
L	l	ell	/ɛl/	Laube	
M	m	emm	/ɛm/	Maus	
N	n	enn	/ɛn/	Nicolas	
O	o	oh	/o/	Obst	Ô ô, Œ œ
P	p	pay	/pe/	Papagei	
Q	q	cue	/ky/	Katze	
R	r	air	/ɛʁ/	Rabe	
S	s	ess	/ɛs/	Saat	
T	t	tay	/te/	Taube	
U	u	ooh	/y/	Uhu	Ù ù, Û û, Ü ü
V	v	vay	/ve/	Wasser	
W	w	Double vay	/dubləve/	Weide	
X	x	eeks	/iks/	Axt	
Y	y	ee-grec	/igʁɛk/	Jagd	Ÿ ÿ
Z	z	zayd	/zɛd/	Zombie	

Stumme Zeichen

Aufgrund ihrer Geschichte, in der sich die Aussprache teilweise deutlich, die Schreibweise aber gar nicht geändert hat, hat die französische Sprache einen sehr großen Anteil stummer Zeichen. Insbesondere am Wortende können ganze Zeichengruppen stumm bleiben.

Wortanfang

Ein h am Wortbeginn bleibt stumm. Es wird jedoch – vor allem aus sprachgeschichtlichen Gründen – zwischen zwei verschiedenen h unterschieden: Neben dem ursprünglich aus der lateinischen Schreibtradition stammenden h gibt es das h aspiré („gehauchtes h"), das erst im 16. Jahrhundert in der Aussprache verstummt ist. Dieses h aspiré hat bis heute indirekte Auswirkungen auf die Aussprache:

1. Der bestimmte Artikel in der Einzahl hat vor h aspiré dieselbe Form wie vor einem beliebigen Wort, das mit Konsonant beginnt, vgl. le haricot „die Bohne", la haine „der Hass".
2. Es gibt keine Liaison (s.u.) vor einem Wort, das mit h aspiré beginnt, vgl. les | haricots „die Bohnen", ils |haïssent „sie hassen".

Konsonant am Wortende

Ist der Konsonant am Wortende ein -t (außer nach s), ein grammatisch bedingtes -s oder -x, einer dieser beiden Buchstaben in Ortsnamen, die Endung -d in den Verben auf -dre, die finite Verbendung -nt oder ein deutsches -g in Ortsnamen, so wird er nicht ausgesprochen, und vor ihm werden auch alle etwa noch davorstehenden p, t, c/k, b, d, nicht ausgesprochen.

- haut – [o] – „hoch" (männliche Form, Singular)
- suis – [sɥi] – „(ich) bin"/„(ich) folge"/„(du) folgst"
- peux – [pø] – „(ich) kann"/„(du) kannst"
- Paris – [paʁi] – „Paris"
- Bordeaux – [bɔʁdo] – „Bordeaux"
- donnent – [dɔn] – „(sie) geben" (am Wortende ist auch noch ein [ə] ausgefallen)
- attend – [atɑ̃] – „(er/sie/es/man) wartet"
- Strasbourg – [stʁazbuʁ] – „Straßburg"
- rompt – [ʁɔ̃] – „(er/sie/es/man) bricht"

Ferner haben ein stummes *r*

- die Infinitive der Verben auf *-**er*** wie *donn**er*** „geben"
- die Standesbezeichnungen auf *-**er*** wie *boulang**er*** (fem. *boulangère*) „Bäcker"
- die Maskulina der meisten Adjektive auf *-**er** / -ère,* aber mit den Ausnahmen *cher* „teuer" und *fier* „stolz", wo auch im Maskulinum das *r* gesprochen wird.

Weiterhin haben *asse**z*** „genug", *che**z*** „bei" und die Verbformen auf *-**ez*** (2. P. Pl.) stummes *z*. Die Adjektive auf (im Femininum) *-ille* haben im Maskulinum stummes *l* (*genti**l*** [ʒɑ̃ti], gentille

[ʒɑ̃tijə] „freundlich"); bei der Liasion wird dieses wie doppeltes *l*, also der Eselsbrücke zufolge wie das Femininum ausgesprochen (*genti**l**homme* [ʒɑ̃ti**j**ɔm] „Gentleman").

Unregelmäßig fällt der Konsonant aus bei

- *vain**c*** – [vɛ̃] – „siegt"
- *assie**d*** usw. – [asje] „setzt"
- *pie**d*** – [pje] – „Fuß" und
- *cle**f*** – [kle] – „Schlüssel" (daher mittlerweile meist *clé* geschrieben)
- *e**st*** – [ɛ] – „ist".

In gewissen Wortverbindungen wird ein sonst stummer Endkonsonant ausgesprochen, wenn das nächste Wort mit Vokal beginnt (sog. Liaison). Dazu gehören verpflichtend unter anderem folgende Verbindungen:

- unbestimmter Artikel (Maskulinum) plus Adjektiv oder Substantiv: un ami – [œ̃n‿ami] – „ein Freund"
- bestimmter Artikel im Plural plus Adjektiv oder Substantiv: les amis – [lezami] – „die Freunde"
- Verben in der 3. Person plus Personalpronomen: est-il – [ɛt‿il] – „ist er?"
- Adjektiv vor Substantiv.

Grundsätzlich kann außer vor Satzzeichen immer Liaison gemacht werden, aber nicht nach Infinitiven auf *-er* und wohl auch nicht nach Standesbezeichnungen auf *-er*.

Vokal am Ende eines Wortes

Auch ein *e* am Wortende ist zumeist stumm. Der in der Schrift davor stehende Konsonant ist zu artikulieren.

- *hau**t**e* – [o**t**] – „hoch" (weibliche Form, Singular)
- *ver**t**es* – [vɛʁ**t**] – „grün" (weibliche Form, Plural)

Die Apostrophierung (s. u.) ist ein durchaus ähnlicher Vorgang, erscheint aber im Schriftbild; beim weiblichen Artikel kann dort auch ein *a* ausfallen. Wo ein *h aspiré* die Apostrophierung verhindert, kann das *e* auch in der Aussprache nicht ausfallen, zumindest in der Hochsprache:

- ***le h**asard* – [**ə**azaʁ] – „der Zufall"

Konsonanten

Bei den seltenen Konsonantenhäufungen ist oftmals auch der eine oder andere Buchstabe nur noch ein stummes Überbleibsel der Etymologie, weil er dem Wohlklang im Wege stand:

- *le doigt* – [lə'dwa] – *der Finger, die Zehe*
- *les doigts* – [le'dwa] – *die Finger, die Zehen*

Bisweilen aber tauchen stumme Konsonanten am Wortende in der Aussprache wieder auf, wenn das folgende Wort mit einem Vokal beginnt. Es wird dann eine so genannte Liaison vorgenommen, also beide Wörter werden zusammenhängend ausgesprochen.

- *vous* – [vu] – *ihr/Sie*
- *vous êtes* – [vu'zɛːt] – *ihr seid/Sie sind*

Da das *h* im Französischen nicht gesprochen wird, wird also auch bei vielen Wörtern, die mit *h* beginnen, eine Liaison vorgenommen.

- *deux* – [dø] – *zwei*
- *deux heures* – [dø'zœʁ] – *zwei Uhr/zwei Stunden*

Jedoch wird nicht immer eine Liaison durchgeführt. In manchen Fällen ist beides möglich. Zudem gibt es eine ganze Reihe von Wörtern, die mit einem „aspirierten (gehauchten) h" *(h aspiré)* beginnen. Dieses *h* bleibt zwar ebenso stumm, aber durch seine Existenz wird gewissermaßen die Autonomie des Wortes bewahrt, also keine Liaison vorgenommen.

- *haricot* – [aʁi'ko] – *die Bohne*
- *deux haricots* – [døaʁi'ko] – *zwei Bohnen*

Faustregeln

Zur Aussprache gewisser Buchstaben bzw. Buchstabengruppen lassen sich zumeist schnell Regeln finden, die auch in den meisten Fällen Gültigkeit haben.

Buchstabe(n)	Aussprache	Bemerkungen
à	[a]	nur in: *à* „an usw." (dagegen *a* „hat"), là „dort" (dagegen *la* „die"), davon abgeleitet *voilà,* und im seltenen çà „da" (dagegen *ça* „das").
æ	[ɛ], [e]	kommt nur in lateinischen Fremdwörtern vor
ai	[ɛ]	gilt nicht, wenn das „i" zur Buchstabengruppe „ill" gehört. Hochsprachlich ausnahmsweise [e] in j'ai „ich habe" Ind. (dagegen j'aie „ich habe" Subj.) und den Formen des Passé simple (*je donnai* „ich gab", dagegen *je donnais* „ich gab" Impf.) und Futur simple (je ferai „ich werde tun", dagegen *je ferais* „ich würde tun").
an	[ɑ̃]	wenn Nasalierung (siehe dazu Bemerkungen oben)
c	[s] oder [k]	[s] vor „e", „i" und „y", auch mit diakritischen Zeichen, sonst [k]
ç	[s]	nur vor „a", „o" und „u", auch mit diakritischen Zeichen
ch	[ʃ]	[k] vor „r", sonst in wenigen Ausnahmen (z. B. *charisme*)
e	[ə], [ɛ] und [e]	Ausfall von [ə] siehe oben. [ɛ] vor mehreren Konsonanten, x oder einem schließenden Konsonanten, auch wenn dieser stumm ist, mit Ausnahme von -s und im Verbplural -nt. [e] vor stummem „r", stummem „z" und in *mes, tes, ses, des, les, ces* und *et.* Ausnahme: *femme* [fam] „Frau".

é	[e]	[ɛ] die Ausnahme z. B. in *médecin* und dem zweiten in *événement*
è, ê	[ɛ]	
(e)au	[o]	statt sonst üblichem „s" folgt hier eher ebenso stummes „x"
en	[ɛ̃] neben [ɑ̃]	wenn Nasalierung. Diese unterbleibt auch in den finiten Verbformen auf „-ent". Obwohl zumeist mit dem Laut [ɛ̃] assoziiert, kommt dieser nur in betonter Stellung vor; ansonsten und auch beim Wort «en» und der betonten Endung -ent(e) spricht man [ɑ̃].
eu	meistens [ø] (neben [œ])	außer [y] bei *eu* „gehabt". Für *gageure* (seit der Rechtschreibreform 1990 auch *gageüre* geschrieben) sagt man /gaʒyʁ/, da es sich um *gage* + „-ure" handelt. x statt s wie oben.
g	[ʒ] oder [g]	[ʒ] vor „e", „i" und „y", auch mit diakritischen Zeichen, sonst [g]. Bei Konjugation, und in *gageure* s. o., kann daher lautloses (nicht nur verstummtes) „e" eintreten: *nous mangeons* von *manger.*
gu	[g]	nur vor „e" und „i", auch mit diakritischen Zeichen, auch vor „a", „o" und „u" bei konjugierten Verbformen, z. B.: *nous conjuguâmes, nous conjuguons*. Sofern das *u* selber gesprochen wird [ɥ], wird es mit einem Trema (ü) versehen.
(a)in	[ɛ̃]	wenn Nasalierung.
ill	nach Vokalen [j] anderswo [ij], selten [il]	„ill" wird nach Vokalen als /j/ gesprochen (z. B. *canaille, nouille*). Anderswo wird „ill" meistens als /ij/ gesprochen (bei *fille, bille, grillage*). Nach Wörtern, die im Lateinischen mit „-ill-" geschrieben wurden, wird /il/ gesprochen (bei *ville, villa, mille, million*).
j	[ʒ]	
o	[ɔ]	
ô	[o]	
on	[ɔ̃]	wenn Nasalierung.
œ	[œ], [e]	
œu	meistens [œ] (neben [ø])	„x" statt „s" wie bei *eu.* Spezialaussprache *(un) oeuf* [œf], *(deux) oeufs* [ø]
oi	[wa], [wɑ]	gilt nicht, wenn das „i" zur Buchstabengruppe „ill" gehört

ou	[u], [w]	letzteres ein engl. „w", und zwar vor Vokalen (hauptsächlich am Wortanfang)
où	[u]	nur in *où* „wo".
ph	[f]	
q(u)	[k]	In wenigen Wörtern wird *qu* wie [kw] gesprochen (*aquarium*)
r	[ʁ]	näher am deutschen „ch" in ‚Bach' als an allen anderen deutschen Weisen, ein „r" zu sprechen.
s	[s], [z]	Letzteres das weiche „s". Am Wortanfang scharfes „s", bei Liaison immer weich (Bedeutungsunterschied *ils sont* [ilsɔ̃] „sie sind", *ils ont* [ilzɔ̃] „sie haben"). Sonst Unterschied wie in der deutschen Hochlautung.
u	[y], [ɥ]	letzteres wie „w", doch mit „ü" statt mit u-Laut gebildet.
un	[œ̃]	wenn Nasalierung. Aussprache variiert zu [ɛ̃].
v	[v]	also deutsches „w"
w	[w] oder [v]	selten
x	[gz] oder [ks]	Liaisons-X ist wie „s" auszusprechen.
y	[i] oder [j]	der vorgehende Vokal wird meist wie ein mit „-i" gebildeter Diphthong ausgesprochen. Bei *ay* betrifft dies aber nur die häufig vorkommenden Wörter, nämlich *pays* [pɛi] „Land" und die Verben auf *-ayer*. Niemals deutsches „ü" sprechen.
z	[z]	
Vokal + *m*	Nasalvokal	wie bei *+n*.

Die Apostrophierung

Französisch erhält seinen Klang nicht nur durch den Wegfall der Aussprache (Elision) „unnötiger" Konsonanten, sondern auch durch das Auslassen von Vokalen, vor allem des [ə], damit es zu keiner Häufung (Hiat) kommt; siehe oben. In bestimmten grammatischen Gegebenheiten wird dies auch von der Rechtschreibung nachvollzogen und durch einen Apostroph gekennzeichnet.

- *ce* [sə] „es" (vor dunklen Vokalen mit Cedille: *ç'*). Vor allem *c'est* [sɛ] „es ist", *c'était* [setɛ] „es war", *Qu'est-ce que c'est?* [kɛskə'sɛ] „Was ist das?"
- *que* [kə] „was, wie, das(s)" Statt durchaus üblichem *qu'on* „dass man" gilt *que l'on* als vornehmer.

- *je* [ʒə] „ich“ vor Verbformen und den Pronomen *y* und *en*. Beispiel: *j'ai* [ʒe] „ich habe“, *J'en ai marre.* [ʒɑ̃neˈmaʁ] „Ich habe das satt!“
- *me* [mə] „mich“
- *te* [tə] „dich“ Beispiel *Je t'aime.* [ʒəˈtɛm] „Ich liebe dich.“
- *se* [sə] „sich“
- *ne* [nə] ist die Verneinungspartikel (wird in der Umgangssprache oft weggelassen). Beispiel: *Je n'habite pas en France* [ʒənabitˈpɑ(z)ɑ̃fʁɑ̃s] „Ich wohne nicht in Frankreich.“ Dem deutschen *nicht* entspricht hier übrigens frz. *pas,* nicht etwa *ne*.

Außer [ə] wird in jeweils einem Fall auch [a] bzw. [i] weggelassen:

- *la* [la] „die“ (femininer Artikel), z. B. *l'huile* „das Öl“ (mit *h muet*!)
- *si* [si] „falls“ (Konjunktion), nur in *s'il* „falls er“.

In der Umgangssprache wird auch das [y] in *tu* gerne weggelassen (so bei *t'as* statt *tu as*).

Vor einem *h aspiré* (siehe oben) kann nicht gekürzt werden.

1

Briser la glace

Brich das Eis

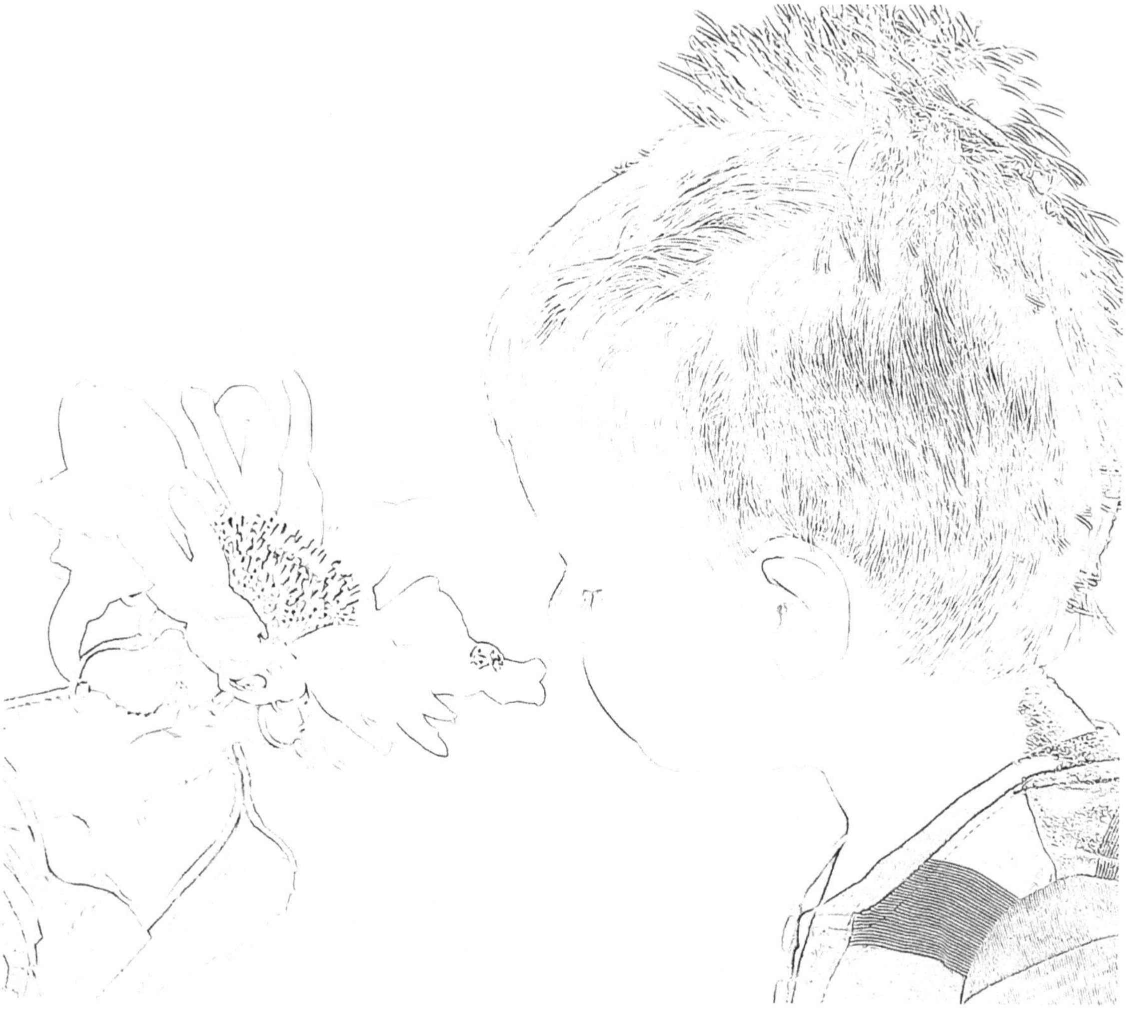

« Maman, j'ai été courageux aujourd'hui ! », dit un petit garçon à sa mère. « J'ai regardé un gros insecte vivant et je ne me suis pas enfui ! »

„Mama, ich war heute mutig!" sagt ein kleiner Junge zu seiner Mutter. „Ich habe mir einen großen, lebenden Käfer angesehen und bin nicht weggelaufen!"

La cuisine

Die Küche

A

Mots

Vokabeln

1. à la maison - zu Hause
2. accrocher - hängen
3. aller dans - eingehen
4. assiette - der Teller
5. aussi - auch
6. avec - mit
7. bateau - das Schiff
8. blanc(m), blanche(f) - weiß
9. boire - trinken
10. bois - das Holz
11. caoutchouc - der Gummi
12. ceci, ce - das
13. chaise - der Stuhl
14. chat(m), chatte(f) - die Katze
15. chien(m), chienne(f) - der Hund
16. coin - die Ecke
17. confortable, agréable - gemütlich, bequem
18. courir - laufen
19. cuillère - der Löffel
20. cuisine - die Küche
21. dans - in
22. de - aus, von
23. de l'autre côté de, à travers de - gegenüber
24. derrière, en arrière - hinter

25. eau - das Wasser
26. et - und
27. être - sich befinden
28. évier, lavabo - der Ausguss, das Becken
29. fenêtre - das Fenster
30. fleur - die Blume
31. four - der Herd
32. fourchette - die Gabel
33. gaz - das Gas
34. grille-pain - der Toaster
35. gris(m), grise(f) - grau
36. gros(m), grosse(f); grand(m), grande(f) - groß
37. il y a - es gibt, es sind
38. il/elle/ce, c', cet(m), cette(f), il, elle - er/sie/es
39. image - das Bild
40. jardin - der Garten
41. jaune - gelb
42. joli(m), jolie(f), beau(m), belle(f) - schön
43. laveuse, laver - das Waschen
44. lumière - das Licht; leicht
45. lustre, chandelier - der Kronleuchter
46. machine à café - die Kaffeemaschine
47. maison - das Haus
48. malaxeur - der Blender
49. mélangeur, malaxeur - der Mixer
50. mer - die See, das Meer
51. métal - metallen, Metall
52. mur - die Wand
53. nappe - das Tischtuch
54. non, il n'y a pas - nein; es gibt kein(e/en)
55. nous - wir
56. nouveau(m), nouvelle(f), neuf(m), neuve(f) - neu
57. ou - oder
58. où - wo
59. oui - ja
60. petit(m), petite(f) - klein
61. piétiner - treten, trampeln
62. placard; garde-robe; bibliothèque - der Wandschrank, die Garderobe, die Bücherschrank
63. plafond - die Decke
64. poignée - der Griff
65. poisson - der Fisch
66. porte - die Tür
67. poulet - das Hühnchen
68. pour - für
69. près, proche - nah, in der Nähe
70. propre - sauber
71. prudent(m), prudente(f) - sorgfältig
72. que, quoi - was
73. réfrigérateur - der Kühlschrank
74. rond(m), ronde(f) - rund
75. rouge - rot
76. rue - die Straße
77. sale - schmutzig
78. séchoir - der Trockner, der Fön (für die Haare)
79. serviette - die Serviette
80. spacieux(m), spacieuse(f) - geräumig
81. sur - auf
82. sur la droite - rechts

83. sur la gauche - links
84. sur le dessus de, dessus, au-dessus - obere
85. table - der Tisch
86. tasse - die Tasse
87. tenir - stehen
88. thé - der Tee
89. théière - der Teekessel
90. toit - das Dach
91. vaisselle, assiettes - das Geschirr
92. verre - das Glas
93. vert(m), verte(f) - grün
94. vestibule, entrée - der Flur
95. vieil(m), vieux(m), vieille(f), - alt
96. ville - die Stadt
97. voler - stehlen
98. vouloir - wollen

B

Ceci est une ville. Elle est grande et belle. Elle est située près de la mer.
Ceci est une rue. Elle est dans la ville. La ville est large et propre.
Ceci est une maison. La maison est dans la rue. Elle est propre et belle. Les murs sont blancs. Le plafond est rouge. La porte est nouvelle. Elle est en bois.
Ceci est un jardin. Le jardin est situé près de la maison. Il est grand et vert. Un chien court après le poulet dans le jardin. Il piétine les fleurs.
Nous allons dans la maison. Ceci est un vestibule. Le vestibule est spacieux et confortable.
La cuisine est sur la droite. La cuisine est large et lumineuse. Les murs sont jaunes. Le plafond est blanc.
Il y a un lustre au plafond. Il est gros et beau.
Ceci est une table. Elle est grande et ronde. Il y a une nappe sur la table.

Das ist eine Stadt. Sie ist groß und schön. Sie liegt in der Nähe der See.
Das ist eine Straße. Sie liegt in der Stadt. Die Stadt ist groß und sauber.
Das ist ein Haus. Das Haus liegt an der Straße. Es ist angenehm und schön. Die Wände sind weiß. Das Dach ist rot. Die Tür ist neu. Sie ist aus Holz.
Das ist ein Garten. Der Garten liegt an dem Haus. Er ist groß und grün. Ein Hund verfolgt ein Hühnchen im Garten. Er trampelt über die Blumen.
Wir gehen ins Haus ein. Das ist der Flur. Der Flur ist geräumig und bequem.
Rechts ist die Küche. Die Küche ist groß und hell. Die Wände sind gelb. Die Decke ist weiß.
Es gibt einen Kronleuchter unter der Decke. Er ist groß und schön.
Das ist ein Tisch. Er ist groß und rund. Ein Tischtuch liegt auf dem Tisch.

Ceci est un mélangeur. Il est sur la table. Il est agréable et petit.
Ceci est un verre. Il est aussi sur la table. Il est fait de verre. Le verre est propre.
Près de la table il y a une chaise. Elle est en bois. La chaise est confortable.
Ceci est un réfrigérateur. Il est gris. Le réfrigérateur est nouveau. Il est situé dans le coin. Il y a un chat près du réfrigérateur. Il veut voler le poisson du réfrigérateur.
Ceci est un grille-pain. Il est placé sur le réfrigérateur. Le grille-pain est petit et pratique.
Ceci est une machine à café. Elle est placée près de l'évier. La machine à café est sale.
Ceci est un mixeur. Il est aussi sur le réfrigérateur. Il est blanc. Le mixeur est vieux.
Il y a une fenêtre de l'autre côté du réfrigérateur. Elle est grande et propre.
Ceci est un four. Il est situé près de la fenêtre. Il est nouveau et pratique.
Ceci est une bouilloire. Elle est sur le four au gaz. Elle est en métal avec une poignée de caoutchouc.
Près du réfrigérateur il y a un lave-vaisselle. À la gauche, il y a un séchoir pour la vaisselle.
Ceci est un placard. Il est accroché au-dessus de l'évier. Il est en bois.
Ceci est une serviette. Elle est dans le placard de la cuisine. Elle est petite et propre.

Das ist ein Mixer. Er liegt auf dem Tisch. Er ist bequem und klein.
Das ist ein Glas. Es steht auch auf dem Tisch. Es ist gläsern. Das Glas ist sauber.
Neben dem Tisch steht ein Stuhl. Er ist aus Holz. Der Stuhl ist bequem.
Das ist ein Kühlschrank. Er ist grau. Der Kühlschrank ist neu. Er steht in der Ecke. Eine Katze sitzt neben dem Kühlschrank. Sie will aus dem Kühlschrank einen Fisch stehlen.
Das ist ein Toaster. Er steht auf dem Kühlschrank. Er ist klein und praktisch.
Das ist eine Kaffeemaschine. Sie steht neben dem Ausguss. Die Kaffeemaschine ist schmutzig.
Das ist ein Blender. Er steht auch auf dem Kühlschrank. Er ist weiß. Der Blender ist alt.
Gegenüber des Kühlschranks gibt es ein Fenster. Es ist groß und sauber.
Das ist ein Herd. Er befindet sich neben dem Fenster. Er ist neu und praktisch.
Das ist ein Teekessel. Es steht auf dem Gasherd. Es ist metallen und hat einen Griff aus Gummi.
Neben dem Kühlschrank steht eine Spülmaschine. Links gibt es einen Trockner für das Geschirr.
Das ist ein Wandschrank. Er hängt über dem Ausguss. Er ist aus Holz.
Das ist eine Serviette. Es liegt in dem Küchenregal. Es ist klein und sauber.
Das ist ein Bild. Es hängt auf der Wand. Es

Ceci est une image. Elle est sur le mur. Il y a la mer et un bateau dans le tableau.
Ceci est la table de la cuisine. Elle est située dans le coin. Elle est large et en bois.
Ceci est une fourchette. Elle est sur la table. La fourchette est en métal. Elle est propre.
Ceci est une assiette. Elle est sur la table de la cuisine. L'assiette est jaune. Elle est petite et belle.
Ceci est une tasse. Elle est aussi sur la table de la cuisine. La tasse est rouge. Un chat boit de l'eau dans la tasse.
Ceci est une cuillère à thé. Elle est située dans une tasse. La cuillère est en métal. Elle est petite.

gibt das Meer und ein Schiff auf dem Bild.
Das ist der Küchentisch. Er steht in der Ecke. Er ist groß und hölzern.
Das ist eine Gabel. Sie liegt auf dem Küchentisch. Die Gabel ist aus Metall. Sie ist klein.
Das ist ein Teller. Er steht auf dem Küchentisch. Der Teller ist gelb. Er ist klein und schön.
Das ist eine Tasse. Sie steht auch auf dem Küchentisch. Die Tasse ist rot. Eine Katze trinkt Wasser aus der Tasse.
Das ist ein Teelöffel. Er befindet sich in einer Tasse. Der Löffel ist aus Metall. Er ist klein.

C

Questions et réponses

- Où est la ville?
- Elle est située près de la mer.
- La rue est-elle grande ou petite?
- La rue est grande.
- Où est la maison?
- La maison est dans la rue.
- Où est le jardin?
- Le jardin est situé près de la maison.
- Le jardin est-il grand ou petit?
- Le jardin est grand.
- Le vestibule est-il spacieux?
- Oui, le vestibule est spacieux.
- Où est la cuisine?
- La cuisine est sur la droite.

Fragen und Antworten

- Wo ist die Stadt?
- Sie liegt in der Nähe der See.
- Ist die Straße groß oder klein?
- Die Straße ist groß.
- Wo ist das Haus?
- Das Haus ist in der Straße.
- Wo ist der Garten?
- Der Garten befindet sich neben dem Haus.
- Ist der Garten groß oder klein?
- Der Garten ist groß.
- Ist der Flur geräumig?
- Ja, der Flur ist geräumig.
- Wo ist die Küche?
- Die Küche ist rechts.

- Où est le mélangeur?
- Le mélangeur est sur la table.
- Y'a-t-il une serviette sur la table?
- Oui, il y a une serviette sur la table.
- Qu'y a-t-il sur la table?
- Il y a un verre sur la table.
- Est-il sale?
- Non, le verre est propre.
- Où est le réfrigérateur?
- Le réfrigérateur est dans le coin.
- Où est le chat?
- Le chat est près du réfrigérateur.
- Où est la machine à café?
- La machine à café est près de l'évier.
- La machine à café est-elle propre?
- Non, elle est sale.
- Y'a-t-il une fenêtre dans la cuisine?
- Oui, la fenêtre est de l'autre côté du réfrigérateur.
- La fenêtre est-elle grande?
- Oui, elle est grande.
- Où est la fourchette?
- La fourchette est sur la table de la cuisine.
- L'assiette est-elle aussi sur la table de la cuisine?
- Oui, l'assiette est sur la table de la cuisine.
- Y'a-t-il des serviettes dans la cuisine?
- Oui, il y a des serviettes dans le placard de la cuisine.
- Y'a-t-il une tasse propre dans la cuisine?
- Oui, la tasse propre est sur la table.

- Wo ist der Mixer?
- Der Mixer liegt auf dem Tisch.
- Gibt es ein Tischtuch auf dem Tisch?
- Ja, es gibt ein Tischtuch auf dem Tisch.
- Was gibt es auf dem Tisch?
- Es gibt ein Glas auf dem Tisch.
- Ist es schmutzig?
- Nein, das Glas ist sauber.
- Wo ist der Kühlschrank?
- Der Kühlschrank steht in der Ecke.
- Wo ist die Katze?
- Die Katze sitzt neben dem Kühlschrank.
- Wo ist die Kaffeemaschine?
- Die Kaffeemaschine ist neben dem Ausguss.
- Ist die Kaffeemaschine sauber?
- Nein, sie ist schmutzig.
- Gibt es ein Fenster in der Küche?
- Ja, das Fenster ist gegenüber des Kühlschranks.
- Ist das Fenster groß?
- Ja, es ist groß.
- Wo ist die Gabel?
- Sie liegt auf dem Küchentisch.
- Ist der Teller auch auf dem Küchentisch?
- Ja, es gibt auch einen Teller auf dem Küchentisch.
- Gibt es Servietten in der Küche?
- Ja, es gibt Servietten in dem Küchenregal.
- Gibt eine saubere Tasse in der Küche?
- Ja, es gibt eine saubere Tasse auf dem Tisch.

- La tasse est-elle rouge?
- Oui, elle est rouge.

- Ist die Tasse rot?
- Ja, sie ist rot.

2

Briser la glace

Brich das Eis

Deux jeunes garçons discutent.
« Quel nom as-tu donné à ton petit frère ? », demande l'un d'eux.
« Je voulais l'appeler Batman », répond le jeune garçon en soupirant profondément, « mais mes parents l'ont appelé Tom ».

Zwei kleine Jungen reden.
„Wie hast du deinen jüngeren Bruder genannt?", fragt einer von ihnen den anderen.
„Ich wollte ihn Batman nennen", antwortete der Junge und seufzte tief, „aber meine Eltern nannten ihn Tom."

Où est la salle à dîner?

Wo ist das Speisezimmer?

A

Mots

Vokabeln

1. blanc(m), blanche(f) - weiß
2. bleu(m), bleue(f) - blau
3. brun(m), brune(f) - braun
4. ce que, qui, que, quel(m), quelle(f) - welche(r/s), was für ein(e)
5. ceci, ce, cet(m), cette(f) - diese/r
6. ces, ceux(m), celles(f) - diese (Pl.)
7. combien - wieviel
8. couleur - die Farbe
9. couteau - das Messer
10. entrer - (her)einkommen
11. ici - hier
12. ils(m), elles(f), eux - sie (Pl.)
13. miroir - der Spiegel
14. neuf(m), neuve(f), nouveau(m), nouvelle(f) - neu
15. non, ne pas - nicht
16. pièce, salle - das Zimmer
17. plancher - der Fußboden, die Etage
18. plastique - der Kunststoff
19. quatre - vier
20. regarder - anschauen
21. rouge - rot
22. salle à dîner - das Speisezimmer

23. s'asseoir - sitzen
24. six - sechs
25. tablette - das Regal
26. tapis - der Teppich
27. trois - drei
28. vase - die Vase
29. vide - leer

B

- Est-ce la cuisine?
- Oui, c'est la cuisine.
- Où est la salle à dîner?
- La salle à dîner est sur la gauche.

Nous entrons dans la salle à dîner.

- Qu'est-ce que ceci?
- Ceci est la table.
- La table est-elle en plastique?
- Non, elle est faite de bois.
- Qu'y a-t-il sur la table?
- Il y a des assiettes et des cuillères.
- Sont-elles propres?
- Oui, elles sont propres.
- Qu'y a-t-il à la table?
- C'est une chaise.
- Est-elle neuve?
- Oui, est elle neuve et confortable.
- De quelle couleur est la chaise?
- La chaise est brune.
- Combien de chaises sont dans cette pièce?
- Il y a quatre chaises dans cette pièce.
- Où sont les tasses?
- Les tasses sont sur la table.
- Où est la bouilloire?
- La bouilloire est sur le four.

- Ist das die Küche?
- Ja, das ist die Küche.
- Wo ist das Speisezimmer?
- Das Speisezimmer ist links.

Wir treten in das Speisezimmer ein.

- Was ist das?
- Das ist ein Tisch.
- Ist der Tisch aus Kunststoff?
- Nein, er ist hölzern.
- Was gibt es auf dem Tisch?
- Es gibt Teller und Löffel.
- Sind sie sauber?
- Ja, sie sind sauber.
- Was gibt es an dem Tisch?
- Das ist ein Stuhl.
- Ist er neu?
- Ja, er ist neu und bequem.
- Welche Farbe hat dieser Stuhl?
- Der Stuhl ist braun.
- Wie viele Stühle gibt es in diesem Raum?
- Es gibt vier Stühle in diesem Raum.
- Wo sind die Tassen?
- Die Tassen stehen auf dem Tisch.
- Wo ist der Teekessel?
- Der Teekessel ist auf dem Herd.
- Ist er leer?

- Est-elle vide?
- Non, elle n'est pas vide. Le chat est assis dans la théière.
- Qu'est-ce qui est accroché sur le mur?
- C'est une image.
- L'image est-elle neuve ou vieille?
- Elle est belle et vieille.
- Où sont les serviettes de table?
- Les serviettes sont dans un cabinet.
- Où est le cabinet?
- Il est placé près de l'image.
- De quelle couleur est le cabinet?
- Il est blanc.
- Combien d'étagères il y a dans le cabinet?
- Le cabinet a trois étagères.
- Où sont les fourchettes?
- Les fourchettes sont aussi dans le cabinet.
- Qu'est-ce que c'est?
- C'est un miroir. Le chien regarde dans le miroir.
- Qu'est-ce qui est sur le plancher?
- C'est un tapis.
- De quelle couleur est ce tapis?
- Le tapis est bleu.
- De quelle couleur est le plafond?
- Le plafond est gris.
- Qu'est-ce qui est suspendu sur le plafond?
- C'est un lustre.
- De quelle couleur est ce lustre?
- Ce lustre est bleu et blanc.
- Où est le réfrigérateur?
- Il est situé dans la cuisine.
- Le réfrigérateur est-il gros?

- Nein, er ist nicht leer. Die Katze sitzt in dem Teekessel.
- Was hängt auf der Wand?
- Das ist ein Bild.
- Ist das Bild neu oder alt?
- Es ist schön und alt.
- Wo sind die Servietten?
- Die Servietten sind im Schränkchen.
- Wo ist das Schränkchen?
- Es steht in der Nähe des Bildes.
- Welche Farbe hat das Schränkchen?
- Es ist weiß.
- Wie viele Regale gibt es im Schränkchen?
- Das Schränkchen hat drei Regale.
- Wo sind die Gabeln?
- Die Gabeln sind auch im Schränkchen.
- Was ist das?
- Das ist ein Spiegel. Der Hund schaut in den Spiegel.
- Was liegt auf dem Fußboden?
- Das ist ein Teppich.
- Welche Farbe hat der Teppich?
- Der Teppich ist blau.
- Welche Farbe hat die Decke?
- Die Decke ist grau.
- Was hängt unter der Decke?
- Das ist ein Kronleuchter.
- Welche Farbe hat der Kronleuchter?
- Der Kronleuchter ist blau und weiß.
- Wo ist der Kühlschrank?
- Er steht in der Küche.
- Ist der Kühlschrank groß?
- Ja, er ist groß.

- Oui, il est gros.
- De quelle couleur est le réfrigérateur?
- Le réfrigérateur est gris. Le chat mange du poisson du réfrigérateur.
- Où est le mélangeur?
- Il est sur le réfrigérateur.
- Est-ce que le mélangeur est neuf?
- Oui, il est neuf.
- Où est la machine à café?
- Elle est près de l'évier.
- La machine à café est-elle propre?
- Non, elle est sale.
- Où est le grille-pain?
- Il est dans le cabinet de cuisine.
- Qu'y a-t-il sur la table?
- C'est un vase.
- Est-ce du verre?
- Oui, c'est du verre.
- Qu'est-ce qui est placé dans le vase?
- Ce sont des fleurs.
- Combien de fleurs y a-t-il dans le vase?
- Il y a six fleurs dans le vase.
- De quelle couleur sont ces fleurs?
- Elles sont rouges.
- Y'a-t-il un malaxeur ici?
- Non, le malaxeur est dans la cuisine.
- Y'a-t-il des couteaux dans le cabinet?
- Oui, il y a des couteaux dans le cabinet.
- De quelle couleur est l'assiette?
- Elle est bleue.
- De quelle couleur est le mur?
- Il est vert.

- Welche Farbe hat der Kühlschrank?
- Der Kühlschrank ist grau. Die Katze frißt einen Fisch aus dem Kühlschrank.
-Wo ist der Blender?
- Er liegt auf dem Kühlschrank.
- Ist der Blender neu?
- Ja, er ist neu.
- Wo ist die Kaffeemaschine?
- Sie steht neben dem Ausguss.
- Ist die Kaffeemaschine sauber?
- Nein, sie ist schmutzig.
- Wo ist der Toaster?
- Er ist im Küchenregal.
- Was gibt es auf dem Tisch?
- Das ist eine Vase.
- Ist sie gläsern?
- Ja, sie ist gläsern.
- Was steht in der Vase?
- Es sind Blumen da.
- Wie viele Blumen gibt es in der Vase?
- Es sind sechs Blumen in der Vase.
- Welche Farbe haben diese Blumen?
- Sie sind rot.
- Gibt es den Mixer hier?
- Nein, der Mixer ist in der Küche.
- Gibt es Messer im Schränkchen?
- Ja, es sind Messer im Schränkchen.
- Welche Farbe hat dieser Teller?
- Er ist blau.
- Welche Farbe hat diese Wand?
- Sie ist grün.

3

Briser la glace
Brich das Eis

Une mère entre dans la chambre et voit son fils étendu sur le sol.
« Paul, tu dors ? », demande la mère.
« Non. Je joue », répond le fils.
La mère s'en va. Elle revient dans la chambre dix minutes plus tard. Son fils est toujours étendu sur le sol au même endroit.
« Tu joues à quoi ? », demande-t-elle.
« Je joue au robot. Au robot cassé ».

Eine Mutter kommt ins Schlafzimmer und sieht ihren kleinen Sohn auf dem Boden liegen.
„Paul, schläfst du?“, fragt die Mutter.
„Nein, ich spiele“, antwortet der Sohn.
Die Mutter geht weg. Sie kommt zehn Minuten später in das Schlafzimmer zurück. Ihr Sohn liegt auf dem Boden an der gleichen Stelle.
„Welches Spiel spielst du?“, fragt sie.
„Ich spiele einen Roboter. Einen kaputten Roboter.”

Le vestibule

Der Saal

A

Mots

Vokabeln

1. à, au; près, proche - bei, an
2. allonger, résider - liegen
3. aussi - auch
4. beige - beigefarben, beige
5. doux(m), douce(f) - weich
6. droit - geradeaus
7. fauteuil - der Sessel
8. foyer, cheminée - der Kamin
9. intéressant(m), intéressante(f) - interessant
10. interrupteur - der Schalter
11. lampe - die Lampe
12. livre - das Buch
13. marcher, fonctionner - arbeiten, funktionieren
14. mauve - purpurrot
15. noir(m), noire(f) - schwarz
16. oreiller - das Kissen
17. passer - vergehen
18. petite table - das Tischlein

19. photographie - das Foto
20. plus, davantage - mehr, noch
21. plusieurs, beaucoup - viele
22. près, proche - nah
23. radio - der Rundfunk, das Radio
24. rose - die Rose
25. si - ob
26. sofa, canapé - das Sofa
27. sous, en-dessous - unter
28. table à café - das Tischlein
29. téléviseur - der Fernseher
30. tulipe - die Tulpe
31. vestibule, auditorium - der Saal, die Halle

B

- Où est le vestibule?
- Le vestibule est droit devant.

Nous passons au vestibule. La pièce est large et confortable. Le plafond est gris. Les murs sont verts.

- Qu'y a-t-il sur la plancher?
- Sur le plancher il y a un tapis. Il est doux. Le tapis est mauve.
- Qu'est-ce qui est placé sur le tapis?
- Il y a une table à café sur le tapis. Elle est en verre. Sur la table il y a un livre intéressant. Il est gris.
- Où est le fauteuil?
- Le fauteuil est derrière la table à café. Il est grand et confortable.
- Y'a-t-il un sofa dans la pièce?
- Oui, un fauteuil est placé près de la fenêtre. Un chat est assis sur le canapé avec un poisson. Il y a également des coussins sur le canapé. Ils sont mauves. Les oreillers sont doux et confortables.
- Qu'est-ce qui est accroché sur le mur?
- Une image est accrochée sur le mur.

- Wo ist der Saal?
- Der Saal ist geradeaus.

Wir treten in den Saal ein. Der Raum ist groß und gemütlich. Die Decke ist grau. Die Wände sind grün.

- Was gibt es auf dem Fußboden?
- Ein Teppich liegt auf dem Fußboden. Er ist weich. Der Teppich ist purpurrot.
- Was steht auf dem Teppich?
- Es gibt ein Tischlein auf dem Teppich. Es ist aus Glas. Ein interessantes Buch liegt auf dem Tischlein. Es ist grau.

- Wo ist der Sessel?
- Der Sessel steht hinter dem Tischlein. Er ist groß und bequem.
- Gibt es ein Sofa in diesem Raum?
- Ja, ein Sofa steht in der Nähe des Fensters. Eine Katze sitzt auf dem Sofa mit dem Fisch. Kissen liegen auch auf dem Sofa. Sie sind purpurrot. Die Kissen sind weich und bequem.
- Was hängt an der Wand?

- Où est le foyer dans cette pièce?
- Le foyer est situé sous le tableau. Il est gros et beau.
- Qu'y a-t-il sur le manteau de la cheminée?
- Il y a une photo et un vase sur le rebord de la cheminée.
- Qu'y a-t-il dans le vase?
- Il y a de belles roses jaunes dans le vase.
- Combien de roses y'a-t-il dans le vase?
- Il y a six roses dans le vase.
- Y'a-t-il plus de fleurs dans cette pièce?
- Oui, il y a des tulipes sur le rebord de la fenêtre.
- Y'a-t-il des livres dans cette pièce?
- Oui, il y a beaucoup de livres dans la bibliothèque.
- Où est la bibliothèque?
- Elle est située près de la porte.
- Qu'est-ce qu'il y a dans la bibliothèque?
- Il y a des livres et des photographies dans la bibliothèque.
- Y'a-t-il des livres de Shakespeare dans la bibliothèque?
- Oui, ils sont rouges.
- Combien d'étagères y'a-t-il dans la bibliothèque?
- Dans la bibliothèque il y a quatre étagères.
- Qu'y a-t-il au plafond?
- Il y a un nouveau lustre au plafond.
- Où est l'interrupteur?
- L'interrupteur est sur le mur sur la droite.
- Y'a-t-il d'autres lampes dans la pièce?

- Ein Bild hängt an der Wand.
- Wo ist der Kamin in diesem Raum?
- Der Kamin ist unter dem Tisch. Er ist groß und schön.
- Was gibt es auf dem Sims?
- Es gibt ein Foto und eine Vase auf dem Sims.
- Was gibt es in der Vase?
- Es gibt schöne gelbe Rosen in der Vase.
- Wie viele Rosen gibt es in der Vase?
- Es gibt sechs Rosen in der Vase.
- Gibt es mehr Blumen in diesem Raum?
- Ja, es gibt Tulpen auf der Fensterbank.
- Gibt es Bücher in diesem Raum?
- Ja, es gibt viele Bücher im Bücherschrank.
- Wo ist das Bücherschrank?
- Es steht in der Nähe der Tür.
- Was gibt es in dem Bücherschrank?
- Es gibt Bücher und Fotos im Bücherschrank.
- Gibt es Bücher von Shakespeare im Schrank?
- Ja, sie sind rot.
- Wie viele Regale gibt es im Bücherschrank?
- Es gibt vier Regale im Bücherschrank.
- Was gibt es auf der Decke?
- Ein neuer Kronleuchter hängt von der Decke.
- Wo ist der Schalter?
- Der Schalter ist auf der Wand auf der rechten Seite.
- Gibt es mehr Lampen in diesem Raum?

- Il y a une autre lampe près du sofa.
- Es gibt noch eine Lampe neben dem Sofa.
- De quelle couleur est cette lampe?
- Welche Farbe hat diese Lampe?
- Elle est beige.
- Sie ist beige.
- As-tu un téléviseur?
- Hast du einen Fernseher?
- Oui, il est dans le coin.
- Ja, er ist in der Ecke.
- Le téléviseur est-il gros ou petit?
- Ist der Fernseher groß oder klein?
- Il est gros et noir.
- Er ist groß und schwarz.
- Ce radio fonctionne-t-il?
- Funktioniert dieses Radio?
- Oui, il fonctionne.
- Ja, es funktioniert.

4

Briser la glace

Brich das Eis

Un père et sa petite fille rentrent à la maison du terrain de jeux. La fille veut retourner au terrain de jeu et continuer à jouer. Elle commence à pleurer.
« Que ce passe-t-il ? », demande la mère.
« Papa... Papa torture les enfants ! », crie la petite fille.
« Quels enfants ? », demande la mère.
« Moi ! », répond la fille.

Ein Vater und seine kleine Tochter kehren vom Spielplatz heim. Die Tochter will zurück zum Spielplatz gehen und das Spielen fortsetzen. Sie beginnt zu weinen.
„Was ist passiert?“, fragt die Mutter.
„Dieser Papa… unser Papa foltert Kinder!“, schreit das Mädchen.
„Welche Kinder?“, fragt die Mutter.
„Mich!“, antwortet die Tochter.

La salle de bain

Das Badezimmer

A

Mots

Vokabeln

1. à côté de, près - neben
2. avec - mit
3. baignoire, bain, cuve - die Badewanne
4. brosse - die Bürste
5. chaud(m), chaude(f) - heiß
6. déchets, ordure - der Müll, der Abfall
7. dent - der Zahn
8. dents - die Zähne
9. donner - die Hand
10. douche, tête de douche - die Dusche
11. écouter - hören
12. faire - machen
13. froid(m), froide(f) - kühl
14. lavabo - das Waschbecken
15. laver, nettoyer - waschen
16. lessive, sous-vêtements, lingerie - die Wäsche, die Unterwäsche
17. lire - lesen
18. machine - die Maschine
19. manger - essen
20. nettoyer - reinigen, sauber machen
21. nourriture - das Essen
22. panier - der Korb
23. papier - das Papier
24. parler, discuter - sprechen, plaudern
25. petit tapis, paillasson - der Läufer, der Bettvorleger

26. possible - möglich
27. prendre (une douche, des médicaments, etc.) - nehmen
28. préparer, cuisiner - zubereiten
29. resposer, relaxer - sich ausruhen, sich erholen
30. robinet - der Wasserhahn
31. salle de bain - das Badezimmer, das Bad
32. savon - die Seife
33. se laver - sich waschen
34. serviette - das Handtuch
35. toilette, salle de bain - die Toilette

B

Nous continuons vers la salle de bain. La salle de bain est petite et lumineuse. Les murs de la salle de bain sont bleus. Le plafond est blanc.
- Qu'est-ce que ceci?
- C'est la baignoire.
- Est-elle en plastique ou en métal?
- La cuve est en plastique.
- Qu'y a-t-il au-dessus de la baignoire?
- Il y a un robinet et une tête de douche. Il y a un robinet avec l'eau chaude et froide.
- Qu'est-ce qui est accroché sur le mur?
- Il y a une serviette propre. Elle est bleue.
- Qu'est-ce qui se trouve près de la baignoire sur le plancher?
- Un tapis est placé près de la baignoire.
- Qu'y a-t-il sur la droite?
- Il y a un lavabo. Il y a un miroir accroché au-dessus du lavabo. Il y a aussi un robinet avec l'eau chaude et froide.
- Qu'y a-t-il sur le lavabo?
- Sur le lavabo, il y a du savon et des brosses à dent.

Wir gehen weiter ins Badezimmer. Das Bad ist klein und hell. Die Wände im Badezimmer sind blau. Die Decke ist weiß.
- Was ist das?
- Das ist die Badewanne.
- Ist sie aus Kunststoff oder aus Metall?
- Die Badewanne ist aus Kunststoff.
- Was gibt es über der Badewanne?
- Das ist der Wasserhahn und die Dusche. Es gibt einen Hahn mit warmem und mit kaltem Wasser.
- Was hängt an der Wand?
- Das ist ein sauberes Handtuch. Es ist blau.
- Was liegt neben der Badewanne auf dem Fußboden?
- Ein Läufer liegt neben der Badewanne.
- Was gibt es rechts?
- Das ist ein Waschbecken. Über dem Waschbecken hängt ein Spiegel. Es gibt auch einen Hahn mit warmem und kaltem Wasser.
- Was gibt es auf dem Waschbecken?
- Auf dem Waschbecken gibt es Seife und

- Qu'est-ce qui est près du lavabo?
- C'est une machine à laver. Elle est blanche. La machine à laver est neuve.
- Qu'y a-t-il près de la machine à laver?
- Il y a un panier pour le linge sale près de la machine à laver.
- Qu'y a-t-il dans le coin?
- Il y a une poubelle dans le coin.
- Qu'y a-t-il derrière le lavabo?
- Il y a une toilette derrière le lavabo.
- Qu'est-ce qui est près de la toilette?
- C'est du papier toilette et une brosse à toilette.
- Que peux-tu faire dans la salle de bain?
- Dans la salle de bain tu peux laver tes mains, te laver, prendre un bain et brosser tes dents.
- Que peux-tu faire dans la cuisine?
- Dans la cuisine tu peux cuisiner de la nourriture et laver de la vaisselle.
- Que peux-tu faire dans la salle à dîner?
- Dans la salle à dîner, tu peux manger et parler.
- Que peux-tu faire dans le salon?
- Dans le salon, tu peux relaxer, regarder la télévision, écouter la radio, parler et lire.

Zahnbürsten.
- Was gibt es neben dem Waschbecken?
- Das ist eine Waschmaschine. Sie ist weiß. Die Waschmaschine ist neu.
- Was gibt es neben der Waschmaschine?
- Neben der Waschmaschine steht ein Korb mit schmutziger Wäsche.
- Was gibt es in der Ecke?
- In der Ecke steht ein Mülleimer.
- Was gibt es hinter dem Waschbecken?
- Hinter dem Waschbecken gibt es eine Toilette.
- Was gibt es neben der Toilette?
- Das ist Toilettenpapier und eine Toilettenbürste.
- Was kann man im Badezimmer machen?
- Im Badezimmer kann man die Hände waschen, sich waschen, ein Bad nehmen oder die Zähne putzen.
- Was kann man in der Küche machen?
- In der Küche kann man Essen zubereiten und das Geschirr waschen.
- Was kann man im Speisezimmer machen?
- Im Speisezimmer kann man essen und sprechen.
- Was kann man im Wohnzimmer machen?
- Im Wohnzimmer kann man sich erholen, fernsehen, Rundfunk hören, lesen oder sprechen.

5

Briser la glace
Brich das Eis

« Combien de filles y a-t-il dans ta classe ? », demande une mère à sa fille.
« Il y a sept filles dans la classe », répond la fille.
« Et combien de garçons ? », demande la mère.
« Il y a beaucoup de garçons. Mais ils courent dans tous les sens. Il est impossible de les compter », répond la fille.

"Wie viele Mädchen sind in deiner Klasse?", fragt eine Mutter ihre kleine Tochter.
„In meiner Klasse sind sieben Mädchen", antwortet das Mädchen.
„Was ist mit den Jungen?", fragt die Mutter.
„Es sind viele Jungen. Aber sie rennen immer hin und her. Es ist unmöglich, sie zu zählen", antwortet das Mädchen.

Peux-tu parler allemand ou espagnol?

Kannst du Deutsch oder Spanisch sprechen?

 A

Mots

Vokabeln

1. aider - helfen
2. aller, marcher - gehen
3. ami(m), amie(f) - der Freund
4. anglais - Englisch
5. appeler, nommer - rufen, nennen
6. après - nach
7. arbre - der Baum
8. attendre - warten
9. au retour, sur le retour - nach Hause
10. aujourd'hui - heute
11. autre - andere(r/s)
12. basket, basketball - der Basketball
13. bien - gut
14. café - das Café
15. cahier, carnet - das Heft
16. cinéma - das Kino
17. dans la soirée - abends, am Abend
18. demain - morgen
19. devoir, être obligé - sollen
20. écrire - schreiben
21. enseigner - lehren, beibringen
22. être - sein
23. être capable de, pouvoir - können
24. être malade - krank werden, erkranken

25. être nécessaire, devoir, avoir besoin de - brauchen
26. français - Französisch
27. frère - der Bruder
28. je - ich
29. jouer - spielen
30. langue, langage - die Sprache / die Zunge
31. le travail - die Arbeit
32. lui, son - ihn, sein
33. magasin, boutique - das Geschäft, der Laden
34. maintenant - jetzt
35. mais - aber
36. mettre, déposer - legen
37. mon(m), ma(f), mes - mein
38. nettoyer, ranger - aufräumen
39. notre, nos - unser
40. ordinateur - der Computer
41. parler - sprechen
42. peut-être - vielleicht
43. pourquoi - warum
44. prendre - nehmen
45. probablement - wahrscheinlich
46. téléphone - das Telefon
47. toi, tu, vous - du, Sie
48. ton, tes - dein
49. travailler fort - sich bemühen
50. un peu, un petit peu - ein bisschen

B

1

- Peux-tu lire en anglais ou en français?
- Je peux lire et écrire en anglais et en français.
- Peux-tu parler ces langues?
- Je peux parler un peu d'anglais. Je ne parle pas français.
- Peux-tu parler allemand ou espagnol?
- Oui, je parle bien allemand et espagnol.
- Peux-tu m'enseigner comment parler espagnol?
- Oui, je le peux. Mais tu dois travailler.

2

- Peux-tu jouer au basket?
- Non, mais je peux apprendre.

1

- Kannst du Englisch oder Französisch lesen?
- Ich kann beide auf Englisch und auf Französisch lesen und schreiben.
- Kannst du diese Sprachen sprechen?
- Ich spreche ein bisschen Englisch. Ich kann Französisch nicht sprechen.
- Kannst du Deutsch oder Spanisch sprechen?
- Ja, ich spreche Deutsch und Spanisch gut.
- Kannst du mich Spanisch lehren?
- Ja, ich kann. Aber du musst dich bemühen.

2

- Kannst du Basketball spielen?
- Nein, aber ich kann es lernen.

- Peut-être que nous jouerons demain?
- Je ne peux pas demain, mais aujourd'hui je peux.
- Peut-être ce soir?
- Oui, je peux jouer dans la soirée. Peux-tu appeler tes amis?
- Oui, je peux.

3

- Où est ton frère?
- Nous devons l'attendre.
- Il ne viendra probablement pas. Puis-je aller à la maison?
- Oui, tu peux.

4

- Puis-je prendre ce livre?
- Non, tu ne peux pas prendre ce livre.
- Puis-je prendre cette tasse?
- Non, tu ne peux pas prendre cette tasse. Tu peux prendre une autre tasse dans la cuisine.
- Où est ton ami?
- Il est probablement à l'extérieur.

5

- J'irai probablement au cinéma. Peux-tu venir avec moi?
- Non, je ne peux pas. J'ai du travail à faire.
- Peut-être que tu iras après le travail?
- Oui, je peux y aller après le travail.
- Où est mon livre?
- Il est probablement dans la bibliothèque.
- Puis-je prendre ton crayon?
- Oui, tu peux prendre mon crayon dans la bibliothèque.

- Vielleicht spielen wir morgen?
- Morgen kann ich nicht, aber ich kann heute spielen.
- Vielleicht heute Abend?
- Ja, ich kann am Abend spielen. Kannst du deine Freunde anrufen?
- Ja, ich kann.

3

- Wo ist dein Bruder?
- Wir müssen auf ihn warten.
- Wahrscheinlich wird er nicht kommen. Kann ich nach Hause gehen?
- Ja, du kannst.

4

- Kann ich dieses Buch nehmen?
- Nein, du kannst dieses Buch nicht nehmen.
- Kann ich diese Tasse nehmen?
- Nein, du kannst diese Tasse nicht nehmen. Du kannst eine andere Tasse aus der Küche nehmen.
- Wo ist dein Freund?
- Er ist wahrscheinlich draußen.

5

- Ich werde wahrscheinlich ins Kino gehen. Kannst du mitkommen?
- Nein, ich kann nicht. Ich muss arbeiten.
- Vielleicht kannst du nach der Arbeit gehen?
- Ja, ich kann nach der Arbeit gehen.
- Wo ist mein Buch?
- Es ist wahrscheinlich in dem Bücherschrank.
- Kann ich deinen Kugelschreiber nehmen?
- Ja, du kannst einen Kugelschreiber aus dem Bücherschrank nehmen.

6

- Puis-je prendre ce cahier?
- Non, tu ne peux pas prendre ce cahier.
- Puis-je m'asseoir à la table?
- Oui, tu peux.
- Puis-je mettre mon cahier ici?
- Oui, tu peux.
- Puis-je jouer sur l'ordinateur?
- Oui, tu peux jouer maintenant.
- J'ai besoin de passer un appel. Puis-je prendre ce téléphone?
- Oui, tu peux le prendre.
- Pouvons-nous aller au café?
- Non, je dois aller au travail.

6

- Kann ich dieses Heft nehmen?
- Nein, du kannst dieses Heft nicht nehmen.
- Kann ich mich am Tisch setzen?
- Ja, du kannst.
- Kann ich meinen Heft hier legen?
- Ja, du kannst.
- Kann ich jetzt Computerspiele spielen?
- Ja, du kannst jetzt spielen.
- Ich muss jetzt telefonieren. Kann ich dieses Telefon nehmen?
- Ja, du kannst es nehmen.
- Können wir zum Café gehen?
- Nein, ich muss arbeiten gehen.

7

- Où est notre chat?
- Il est probablement dans l'arbre.
- Peut-être est-il dans la maison?
- Non, il n'est pas dans la maison.

7

- Wo ist unsere Katze?
- Sie ist wahrscheinlich auf dem Baum.
- Vielleicht ist sie zu Hause?
- Nein, sie ist nicht zu Hause.

8

- Pourquoi ton ami n'est pas venu?
- Il est probablement malade.
- Tu dois nettoyer le salon maintenant.
- Peut-être vas-tu m'aider?
- Non, je dois laver la vaisselle.

8

- Warum ist dein Freund nicht gekommen?
- Er ist wahrscheinlich krank.
- Du musst jetzt das Wohnzimmer aufräumen.
- Vielleicht kannst du mir helfen?
- Nein, ich muss das Geschirr waschen.

9

- Où sont les brosses à dents?
- Peut-être qu'elles sont sur la machine à laver.
- Où est mon cahier rouge?
- Il est probablement sur le canapé.
- Peut-être que tu viendras avec moi au

9

- Wo sind die Zahnbürsten?
- Vielleicht liegen sie auf der Waschmaschine.
- Wo ist mein rotes Heft?
- Es ist wahrscheinlich auf dem Sofa.
- Vielleicht kannst du mit mir zum Geschäft

magasin?
- Oui, je peux y aller.

gehen?
- Ja, ich kann mitgehen.

6

Briser la glace
Brich das Eis

Un père lit parfois l'histoire de Cendrillon à sa petite fille. Aujourd'hui il la lui relit.
« Je n'aurai jamais personne qui m'aime, dit Cendrillon et elle pleure tristement », lit le père à voix haute. La fille retire rapidement le livre des mains de son père.
« Si ! Si ! », dit-elle et elle tourne les pages du livre, « le prince va t'aimer ! »

Ein Vater liest seiner kleinen Tochter manchmal die Geschichte von Cinderella vor. Heute liest er sie wieder.
„Ich werde niemals jemanden haben, der mich liebt, sagte Cinderella und weinte traurig", liest der Vater laut. Die Tochter nimmt schnell das Buch aus seinen Händen.
„Wirst du! Wirst du!", sagt sie und blättert durch das Buch, „Der Prinz wird dich lieben!"

Peux-tu m'aider?

Kannst du mir helfen?

A

Mots

Vokabeln

1. à propos - über
2. à qui, duquel - wessen
3. aller - gehen
4. allumer - einschalten
5. alors, puis, ensuite - damals, dann
6. amour, aimer - die Liebe, lieben
7. an, année - das Jahr
8. apprécier, attirer - gefallen
9. aventure - das Abenteuer
10. avoir, posséder - haben
11. bien sûr - natürlich
12. boire - trinken
13. chat(m), chatte(f) - die Katze
14. cinq - fünf
15. collection - die Sammlung
16. combien d'années - wie viele Jahre
17. détective - der Detektiv
18. écrire, noter - aufschreiben
19. espagnol(m), espagnole(f) - der Spanier
20. femme - die Frau
21. foot - der Fußball
22. garage - die Garage
23. homme - der Mann
24. italien(m), italienne(f) - der Italiener
25. là, là-bas - dort

26. lait - das Milch
27. libre - frei
28. lumière - das Licht
29. lunettes - die Brille
30. mais, pendant, et - aber, doch, und
31. maman, mère - die Mutter, Mama
32. marcher, aller - gehen
33. mon (le mien)(m), ma (la mienne)(f), mes - mein
34. moto, motocyclette - das Motorrad
35. numéro, nombre - die Nummer
36. papa, père - der Papa
37. pas nouveau - nicht neu
38. police - die Polizei
39. qui - wer
40. s'en aller - wegfahren
41. soeur - die Schwester
42. sur, le long de - über
43. téléphone - das Telefon
44. temps - die Zeit
45. thé - der Tee
46. touriste - der Tourist
47. tout, tous(m), toutes(d) - alles
48. trajet, balade - fahren
49. trouver - finden
50. un peu - wenig
51. vêtement, robe - die Kleidung
52. vivre - leben
53. voir - sehen
54. voisin(m), voisine(f) - der Nachbar

B

1

- Puis-je prendre ton cahier?
- Oui, tu peux. Il est sur la table. Mon cahier est bleu.
- Je ne peux pas le trouver.
- Peut-être que mon cahier est sur le canapé.
- Oui, il est sur le canapé.
- As-tu un autre crayon? J'ai besoin d'écrire un numéro de téléphone.
- Mon crayon est sur la table. Il est en métal.

2

- Quel âge a votre chat?
- Notre chat a cinq ans.

1

- Kann ich dein Heft nehmen?
- Ja, du kannst. Es ist auf dem Tisch. Mein Heft ist blau.
- Ich kann es nicht finden.
- Vielleicht ist mein Heft auf dem Sofa.
- Ja, es ist auf dem Sofa.
- Hast du noch einen Bleistif? Ich muss eine Telefonnummer aufschreiben.
- Mein Bleistif liegt auf dem Tisch. Er ist aus Metall.

2

- Wie alt ist eure Katze?
- Unsere Katze ist fünf Jahre alt.
- Was frißt eure Katze am liebsten?

- Qu'est-ce que votre chat aime manger?
- Notre chat aime boire du lait.
- Quel âge a son chat?
- Son chat a trois ans.

3

- As-tu beaucoup d'amis?
- Oui, j'ai beaucoup d'amis.
- Je n'ai pas d'amis dans cette ville.
- Peut-être que dans la soirée nous irons au cinéma avec mes amis. Peux-tu venir avec nous?
- Oui, je peux.
- Ta sœur viendra-t-elle avec nous?
- Je peux l'appeler.
- Je t'appellerai dans la soirée.
- Tes amis vivent-ils dans cette ville?
- Oui, ton mes amis vivent dans cette ville.

4

- Je dois nettoyer la pièce. Peux-tu m'aider?
- Non, je dois trouver mon téléphone.
- Peut-être que ton téléphone est dans la cuisine.
- Aide-moi à trouver mon téléphone, et je t'aiderai à nettoyer la pièce.

5

- As-tu des livres intéressants?
- J'ai une grande collection de livres. Plusieurs d'entre eux sont à propos d'aventures. Il y a aussi des livres d'amour.
- As-tu des livres de détective?
- Quelques-uns.
- Puis-je les voir?
- Oui, tu peux. Ils sont dans la bibliothèque.

- Unsere Katze mag Milch trinken.
- Wie alt ist ihre Katze?
- Ihre Katze ist drei Jahre alt.

3

- Hast du viele Freunde?
- Ja, ich habe viele Freunde.
- Ich habe keine Freunde in dieser Stadt.
- Vielleicht werde ich am Abend mit meinen Freunden ins Kino gehen. Kannst du mitkommen?
- Ja, ich kann.
- Kann deine Schwester auch mitkommen?
- Ich kann sie anrufen.
- Ich werde dich am Abend anrufen.
- Wohnen deine Freunde in dieser Stadt?
- Ja, alle meine Freunde wohnen in dieser Stadt.

4

- Ich muss das Zimmer aufräumen. Kannst du mir helfen?
- Nein, ich muss mein Telefon finden.
- Vielleicht ist dein Telefon in der Küche.
- Hilf mir, mein Telefon zu finden und ich werde dir mit dem Saubermachen helfen.

5

- Hast du irgendwelche interessanten Bücher?
- Ich habe eine große Buchsammlung. Viele meiner Bücher sind über Abenteuer. Ich habe auch Bücher über Liebe.
- Hast du Detektivromane?
- Ja, einige.
- Kann ich sie sehen?

Sur l'étagère à la droite.
- Ma mère a aussi une collection de livres.

6

- J'ai besoin de trouver les lunettes de papa. Où sont-elles?
- Peut-être que ses lunettes sont sur l'étagère.
- Non, ses lunettes ne sont pas là.
- Alors elles sont dans la pièce sur la table.
- J'ai trouvé ses lunettes.

7

- Je dois laver nos tasses.
- Tu dois laver les tasses maintenant?
- Oui, je dois les laver maintenant.
- Y'a-t-il des tasses propres dans cette pièce?
- Oui, il y a plusieurs tasses propres sur cet étagère.
- Quelle tasse est la mienne?
- Ta tasse est jaune, mais la mienne est bleue.

8

- Cet homme est mon père. C'est la maison de mon père.
- Cette maison est-elle nouvelle?
- Non, cette maison n'est pas nouvelle.
- Est-ce ta voiture?
- Non, cette voiture est bleue, et notre voiture est rouge.

9

- C'est ma mère.
- Est-ce qu'elle s'en va?
- Oui, elle va travailler.

- Ja, du kannst. Sie sind im Regal. In dem Regal rechts.
- Meine Mutter hat auch eine Büchersammlung.

6

- Ich muss Papas Brille finden. Wo ist sie?
- Vielleicht ist seine Brille im Regal.
- Nein, seine Brille ist nicht dort.
- Dann ist sie im Zimmer auf dem Tisch.
- Ich habe seine Brille gefunden.

7

- Ich muss unsere Tassen waschen.
- Musst du die Tassen jetzt waschen?
- Ja, ich muss sie jetzt waschen.
- Gibt es saubere Tassen in diesem Zimmer?
- Ja, es gibt mehrere saubere Tassen in diesem Regal.
- Welche Tasse ist für mich?
- Deine Tasse ist gelb, aber meine ist blau.

8

- Dieser Mann ist mein Papa. Das ist Papas Haus.
- Ist sein Haus neu?
- Nein, es ist nicht neu.
- Ist das dein Auto?
- Nein, dass ist ein blaues Auto, und unser Auto ist rot.

9

- Das ist meine Mutter.
- Geht sie weg?
- Ja, sie geht arbeiten.
- Ist das ihr Auto?

- Est-ce sa voiture?
- Oui, c'est la voiture de ma mère. Sa voiture est neuve.
- Ton père a-t-il aussi une voiture?
- Oui, sa voiture est dans le garage.

10

- Aimes-tu les chiens?
- Non, mais ma mère a un chien.
- Ce chien est celui de ta mère?
- Oui, c'est son chien.

11

- Où est ta chambre?
- Ma chambre est sur la droite. Elle est propre et lumineuse.
- À qui est la chambre sur la gauche?
- C'est la chambre de ma mère. Sa chambre est grande et belle.

12

- L'eau est-elle dans la bouilloire?
- Oui, il y a un peu d'eau dans la bouilloire.
- Puis-je avoir un peu de thé?
- Oui, bien sûr.

13

- Notre chat a bu juste un peu de lait.
- Je pense qu'elle était malade.

14

- Y'a-t-il plusieurs Italiens et Espagnols dans cette ville?
- Oui, il y a beaucoup de touristes.
- Notre ville est belle.
- J'aime vivre ici.

15

- Qui est-ce?

- Ja, das ist das Auto meiner Mutter. Ihr Auto ist neu.
- Hat dein Papa auch ein Auto?
- Ja, sein Auto steht in der Garage.

10

- Magst du Hunde?
- Nein, aber meine Mutter hat einen Hund.
- Gehört dieser Hund deiner Mutti?
- Ja, das ist ihr Hund.

11

- Wo ist dein Zimmer?
- Mein Zimmer ist rechts. Es ist sauber und hell.
- Wessen Zimmer ist links?
- Das ist das Zimmer meiner Mutter. Ihr Zimmer ist groß und schön.

12

- Gibt es Wasser im Teekessel?
- Ja, es gibt ein wenig Wasser im Teekessel.
- Kann ich mir Tee machen?
- Ja, natürlich.

13

- Unsere Katze hat nur ein wenig Milch getrunken.
- Ich denke dass sie krank war.

14

- Gibt es viele Italiener und Spanier in dieser Stadt?
- Ja, es gibt viele Touristen hier.
- Unsere Stadt ist schön.
- Ich mag es, hier zu leben.

15

- Wer ist das?

- C'est mon ami Robert.
- Ses vêtements sont vieux.
- Il n'aime pas faire les magasins.

- Das ist mein Freund, Robert.
- Er hat alte Kleidung.
- Er mag das Einkaufen nicht.

16

- Cette femme vit dans une maison de l'autre côté de la rue.
- Oui, c’est notre voisine.
- Est-ce que c'est sa moto, là?
- Oui, c'est sa moto.

16

- Wohnt diese Frau in dem Haus gegenüber?
- Ja, sie ist unsere Nachbarin.
- Ist das ihr Motorrad?
- Ja, das ist ihr Motorrad.

17

- Dans cette pièce, il y a peu de lumière. Peux-tu ouvrir la lumière?
- Oui, je peux.

17

- Es gibt wenig Licht in diesem Zimmer. Kannst du das Licht einschalten?
- Ja, ich kann.

18

- Y'a-t-il beaucoup de policiers dans la ville aujourd'hui?
- Oui, aujourd'hui c'est la partie de football.
- Peut-être que nous irons à un match de football?
- Oui, j'ai beaucoup de temps libre.

18

- Gibt es heute viele Polizisten in der Stadt?
- Ja, heute gibt es ein Fußballspiel.
- Vielleicht können wir zum Fußballspiel gehen?
- Ja, ich habe viel Freizeit.

7

Briser la glace

Brich das Eis

Il y a de nombreux enfants à une fête d'anniversaire. Ils sont tous assis à table. Il y a un gros gâteau sur la table. Il y a des animaux en chocolat sur le gâteau.
« Qui veut le zèbre ? », demande la mère.
« Donne-moi le zèbre s'il te plaît », dit une fille.
« Donne-moi le poisson s'il te plaît », dit une autre fille.
« Donne-moi la girafe s'il te plaît », dit un garçon.
« Donne-moi une cuiller s'il te plaît », dit un autre garçon.

Es sind viele kleine Kinder bei einer Geburtstagsparty. Sie alle sitzen am Tisch. Ein großer Kuchen ist auf dem Tisch. Auf dem Kuchen sind Schokoladentiere.
„Wer will das Zebra?", fragt die Mutter die Kinder.
„Gib mir bitte das Zebra", sagt ein Mädchen.
„Gib mir bitte den Fisch", sagt ein weiteres Mädchen.
„Gib mir bitte die Giraffe", sagt ein Junge.
„Gib mir bitte einen Löffel", sagt ein weiterer Junge.

Quel est ton nom?

Wie heißt du?

 A

Mots

Vokabeln

1. à, pour - zu, nach
2. agence - die Agentur, das Büro
3. allemand(m), allemande(f) - Deutsch
4. Anglaise - die Engländerin
5. Angleterre - England
6. animal - das Tier
7. ans, années - Jahre
8. auteur - die Schriftstellerin/der Schriftsteller
9. biscuit - der Keks, das Törtchen
10. bonjour, salut - Hallo
11. bureau de poste - das Postamt
12. club - der Klub
13. comment, combien - wie
14. connaître, savoir - kennen
15. deux - zwei
16. dix-huit - achtzehn
17. docteur, médecin - der Arzt
18. d'où - woher
19. douze - zwölf
20. école - die Schule
21. enfant - das Kind
22. être né(m), être née(f) - geboren sein
23. étudier, apprendre - lernen
24. excellent(m), excellente(f) - herrlich
25. faire connaissance, apprendre - kennenlernen
26. famille - die Familie
27. foot - der Fußball
28. froid(m), froide(f) - kalt, kühl

29. garderie, crèche - die Kinderkrippe
30. Grande-Bretagne - Großbritannien
31. huit - acht
32. il n'y a pas longtemps, récemment - letztens, kürzlich
33. immobilier(m), immobilière(f) - die Immobilie, das Grundbesitz
34. invité(m), invitée(f) - der Gast
35. Italie - Italien
36. joueur de foot - der Fußballspieler
37. jusqu'à - bis
38. maison, foyer - das Haus
39. mécanicien - der Mechaniker
40. Naples - Neapel
41. national - national
42. nationalité - die Nationalität
43. nous - uns
44. parents - die Eltern
45. pays - das Land
46. père - der Vater
47. pizza - die Pizza
48. plat, assiette - die Speise, das Gericht
49. plus vieux(m), plus vieille(f), plus âgé(m), plus âgée(f) - älter
50. profession - der Beruf, das Fach
51. professionnel(m), professionnelle(f) - professionell
52. promenade, aller en promenade - fahren
53. quand - wann, als
54. quarante - vierzig
55. rénovation, réparations - die Renovierung
56. saumon - der Lachs
57. service automobile - der Autoservice
58. souvent - oft
59. timbre - die Briefmarke
60. toujours - immer
61. tout(m), toute(f) - ganze
62. tout, quelque - irgendwelcher
63. trente - dreißig
64. un(m), une(f) - ein
65. université - die Universität
66. vacance - der Urlaub, die Ferien
67. vendre - verkaufen
68. vie - das Leben
69. vingt - zwanzig
70. voiture - das Auto, der Wagen
71. voyager - reisen
72. vraiment - sehr

B

1	1
- Bonjour.	- Hallo.
- Bonjour. Quel est ton nom?	- Hallo. Wie heißt du?
- Mon nom est Frank. Et quel est ton nom?	- Ich heiße Frank. Und du?
- Mon nom est Mario.	- Ich heiße Mario.

- Quel âge as-tu?
- J'ai dix-huit ans.
- Quelle est ta nationalité?
- Je suis né et je vis en Grande-Bretagne. Mon père est espagnol. Ma mère est une femme anglaise. Et d'où es-tu?
- Je suis de nationalité italienne. Je vis à Naples. Travailles-tu ou étudies-tu?
- Je suis un étudiant à l'Université Nationale. Et quelle est ta profession?
- Je suis mécanicien de profession. J'ai mon propre service automobile en Italie.
- Aimes-tu l'Angleterre?
- J'aime ce pays, mais c'est froid ici. Je travaille maintenant beaucoup. Aimes-tu voyager?
- J'aime voyager, mais maintenant j'ai très peu de temps.
- Pourrais-tu venir me rendre visite avec ta famille?
- Je ne peux pas. Maintenant je dois beaucoup étudier.

2

- As-tu toujours vécu dans cette maison?
- Oui, j'ai vécu ici toute ma vie.
- Tu as une très belle maison!
- Oui, nous l’avons récemment rénovée.
- Tu as beaucoup de belles fleurs dans le jardin.
- Oui, ma mère aime les fleurs.

3

- Peut-être que nous pouvons boire un thé?
- Oui, allons dans la cuisine.

- Wie alt bist du?
- Ich bin achtzehn Jahre alt.
- Welcher Nationalität bist du?
- Ich bin in Großbritannien geboren und ich lebe dort. Mein Vater ist Spanier und meine Mutter Engländerin. Und woher bist du?
- Ich bin Italiener. Ich wohne in Neapel. Arbeitest du oder studierst?
- Ich studiere and der Nationalen Universität. Und was bist du von Beruf?
- Ich bin Mechaniker von Beruf. Ich habe einen eigenen Autoservice in Italien.
- Magst du England?
- Ich mag dieses Land, aber es ist kalt hier. Ich reise jetzt viel. Magst du reisen?
- Ich reise gern, aber jetzt habe ich sehr wenig Zeit.
- Könntest du mich mit deiner Familie besuchen?
- Ich kann nicht. Jetzt muss ich viel lernen.

2

- Hast du immer in diesem Haus gewohnt?
- Ja, ich habe mein ganzes Leben lang hier gewohnt.
- Du hast ein schönes Haus!
- Ja, wir hatten kürzlich eine Renovierung.
- Du hast viele schönen Blumen im Garten.
- Ja, meine Mutter mag Blumen.

3

- Vielleicht trinken wir Tee?
- Ja, lass uns in die Küche gehen.
- Hast du schwarzen Tee?

- As-tu du thé noir?
- Oui, nous avons du thé noir et vert.
- Qu'aimes-tu manger?
- J'aime quand ma mère prépare des plats avec du saumon. Elle fait aussi de bons biscuits.
- Et j'aime vraiment la pizza.
- Peux-tu faire des pizzas?
- Oui, je peux. J'aime cuisiner.

4

- As-tu des animaux de compagnie?
- Oui, j'ai un chien. Son nom est Johnny.
- Quel âge a-t-il?
- Il a six ans.
- J'ai aussi un chien en Italie.

5

- Connais-tu bien l'allemand?
- Oui, je l'ai appris avec mon père. Est-ce que tout le monde parle allemand dans ta famille?
- Oui, nous parlons tous allemand.
- Connais-tu d'autres langues?
- Je parle un peu le français.

6

- Ce livre sur la table est-il le tien?
- Oui, ce livre est le mien. Ce sont les histoires de détective d'Agatha Christie. Aimes-tu cette auteure?
- Oui, elle écrit d'excellentes histoires de détective.
- Aimes-tu lire?
- Oui. Je lis beaucoup.

7

- As-tu une grosse famille?

- Ja, wir haben schwarzen und grünen Tee.
- Welches Essen magst du am besten?
- Ich mag es, wenn meine Mutter Speisen mit Lachs zubereitet. Sie macht auch gute Kekse.
- Ich esse Pizza wirklich gern.
- Kannst du Pizza machen?
- Ja, ich kann. Ich mag kochen.

4

- Hast du Haustiere?
- Ja, ich habe einen Hund. Er heißt Johnny.
- Wie alt ist er?
- Er ist sechs Jahre alt.
- Ich habe auch einen Hund in Italien.

5

- Kannst du gut Deutsch sprechen?
- Ja, ich habe es mit meinem Vater gelernt. Spricht jeder Deutsch in deiner Familie?
- Ja, wir sprechen alle Deutsch.
- Kennst du auch eine andere Sprache?
- Ich kann ein bisschen Französisch sprechen.

6

- Gehört das Buch auf dem Tisch dir?
- Ja, das ist mein Buch. Das sind Detektiverzählungen von Agatha Christie. Magst du diese Autorin?
- Ja. Sie schreibt tolle Detektivromane.
- Liest du gerne?
- Ja. Ich lese sehr viel.

7

- Hast du eine große Familie?
- Ja, ich habe eine große Familie. Ich habe

- Oui, j'ai une grosse famille. J'ai un père, une mère, deux frères et une petite sœur.
- Quel âge a ta sœur?
- Elle a un an.
- Quel est son nom?
- Son nom est Joe. Elle ne sait toujours pas marcher.
- Où est ta sœur maintenant?
- Elle est à la garderie.
- Quelle est la profession de ton père?
- Mon père est docteur. Mais maintenant il ne travaille pas.
- Pourquoi?
- Il est en vacances.
- Où travaille ta mère?
- Ma mère travaille dans une agence immobilière. Elle vend des maisons.
- Depuis quand y travaille-t-elle?
- Ma mère y travaille depuis huit ans.
- Où travaillait-elle avant?
- Elle travaillait au bureau de poste.
- Ta mère est-elle au travail maintenant?
- Non, elle est au magasin.
- Quel âge ont tes parents?
- Ma mère a trente-huit ans. Mon père a quarante-et-un ans.
- Tes frères sont-ils sur cette photo?
- Oui.
- Quels sont leurs noms?
- Il y a Philip. Il a douze ans.
- A-t-il des bonnes notes à l'école?
- Oui, il a des bonnes notes.
- Étudie-t-il bien?

einen Vater, eine Mutter, zwei Brüder und eine kleine Schwester.
- Wie alt ist deine Schwester?
- Sie ist ein Jahr alt.
- Wie heißt sie?
- Sie heißt Joe. Sie kann noch nicht laufen.
- Wo ist deine Schwester jetzt?
- Sie ist in der Kinderkrippe.
- Was ist dein Vater von Beruf?
- Er ist Arzt. Aber jetzt arbeitet er nicht.
- Warum?
- Er macht jetzt Urlaub.
- Wo arbeitet deine Mutter?
- Meine Mutter arbeitet in einem Immobilienbüro. Sie verkauft Häuser.
- Wie lang arbeitet sie dort?
- Meine Mutter arbeitet dort seit acht Jahren.
- Wo arbeitete sie früher?
- Sie arbeitete in einem Postamt.
- Ist deine Mutter jetzt im Büro?
- Nein, sie ist im Geschäft.
- Wie alt sind deine Eltern?
- Meine Mutter ist achtunddreißig Jahre alt. Mein Vater ist einundvierzig.
- Sind es deine Brüder in diesem Bild?
- Ja.
- Wie heißen sie?
- Das ist Philip. Er ist zwölf Jahre alt.
- Lernt er in der Schule?
- Ja, er besucht die Schule.
- Hat er gute Noten?
- Ja, er hat gute Noten.

- Oui, il étudie bien.
- Et qui est-ce?
- C'est mon frère plus vieux, John.
- Quel âge a-t-il?
- Il a vingt ans.
- Travaille-t-il?
- Oui, il est un joueur de foot professionnel.
- J'aime le foot. Pour quel club joue-t-il?
- Il joue dans le club londonien.
- Puis-je le rencontrer?
- Oui, bien sûr.

8

- As-tu une voiture?
- Oui, nous avons une nouvelle voiture.
- Quelle voiture avez-vous?
- Nous avons une BMW.
- La conduisez-vous souvent?
- Oui, ma mère la conduit souvent pour aller au travail.

- Und wer ist das?
- Das ist mein älterer Bruder John.
- Wie alt ist er?
- Er ist zwanzig Jahre alt.
- Arbeitet er?
- Ja, er ist ein professioneller Fußballspieler.
- Ich mag Fußball. In welchem Klub spielt er?
- Er spielt im Londoner Klub.
- Kann ich ihn kennenlernen?
- Ja, natürlich.

8

- Hast du ein Auto?
- Ja, wir haben ein neues Auto.
- Was für ein Auto habt ihr?
- Wir haben eine BMW.
- Fährt ihr oft Auto?
- Ja, meine Mutter fährt oft mit dem Auto zur Arbeit.

8

Briser la glace
Brich das Eis

« Que veut dire « j'en doute » ? », demande un petit garçon à sa mère.
« Cela veut dire plutôt non que oui. Mais cela peut dire oui dans d'autres situations », explique la mère à son fils.
Plus tard, le fils et la mère boivent de la soupe. Le garçon est assis et regarde la fenêtre.
« Finis ta soupe s'il te plaît », lui dit la mère. Le fils regarde sa mère. La mère voit qu'il réfléchit.
« J'en doute », dit-il enfin.

„Was bedeutet 'ich bezweifle es'?", fragt ein kleiner Junge seine Mutter.
„Es bedeutet eher nein als ja. Aber es kann in anderen Situationen ja bedeuten", erklärt die Mutter ihrem Sohn.
Später essen der Sohn und die Mutter etwas Suppe. Der Junge sitzt und schaut das Fenster an.
„Iss bitte deine Suppe auf", sagt die Mutter zu ihm. Der Sohn sieht seine Mutter an. Die Mutter sieht, dass er scharf nachdenkt.
„Ich bezweifle es", sagt er schließlich.

Le trajet vers l'université

Der Weg zur Universität

A

Mots

Vokabeln

1. à pied - zu Fuß
2. afin de, de sorte que - so dass
3. ajouter - (hin)zufügen
4. après, ensuite - dann
5. arrêt - die Haltestelle
6. arriver, se rendre à - erreichen
7. au milieu de - in der Mitte
8. au travers, à travers - durch / in
9. bon(m), bonne(f) - gut
10. bouillir, préparer - kochen
11. café - der Kaffee
12. chaque, tout - jeder
13. cinéma - das Kino
14. collectionner, rassembler - sammeln
15. couper - schneiden
16. couper de - abschneiden
17. coûter - kosten
18. déjà - schon
19. derrière, de retour - zurück
20. dix - zehn
21. du début - vom Anfang an
22. entre - zwischen
23. environ, approximativement - ungefähr
24. euro - der Euro
25. faire - machen, schaffen
26. flocons de céréales - die Cerealien
27. fromage - der Käse
28. gens - die Leute

29. grandir, pousser - wachsen
30. heure - die Stunde
31. là, là-bas - dort(hin)
32. lac - der See
33. lequel(m), laquelle(f), qui, que - welcher
34. loin, une longue distance - weit
35. matin - der Morgen
36. météo - der Wetter
37. métro - die U-Bahn
38. mettre, placer - stellen, legen
39. miel - der Honig
40. minibus - der Minibus
41. minute - die Minute
42. musée - das Museum
43. nécessaire - nötig
44. neuf - neun
45. normalement, habituellement - normalerweise
46. occuper - (Platz) nehmen
47. oiseau - der Vogel
48. ouvrir - öffnen, aufmachen
49. pain - das Brot
50. parc - der Park
51. parfois - manchmal
52. parmi - unter
53. pas loin - nicht weit
54. passer, près - vorbei, neben
55. payer - bezahlen
56. place - der Ort, der Platz
57. pomme - der Apfel
58. pont - die Brücke
59. prendre le petit déjeuner - frühstücken, Frühstück essen
60. rassembler, regrouper - sich versammeln
61. sac à main, sac - die Tasche
62. sandwich - das belegte Brot, die Schnitte
63. sans - ohne
64. s'asseoir - sich setzen
65. saucisse, saucisson - die Wurst
66. se lever - aufstehen
67. se tenir, attendre - stehen
68. sept - sieben
69. sortir - (hin)ausgehen
70. sucre - der Zucker
71. supermarché - der Supermarkt
72. tout, tous - alles
73. trajet, billet - die Fahrt
74. trolleybus - der Oberleitungsbus, der Obus
75. un petit morceau - ein Stückchen
76. un peu, quelque - einige
77. verser - gießen, schütten
78. verser dans, déverser - (ein)gießen

B

Je me lève à sept heures du matin. Puis je vais à la salle de bain. Dans la salle de bain, je lave mon visage et brosse mes dents. Ça prend cinq minutes. Parfois le matin je prends une douche. Puis je vais dans la cuisine. Le matin

Ich stehe um sieben Uhr morgens auf. Dann gehe ich ins Badezimmer. Ich wasche mein Gesicht und putze die Zähne. Es dauert fünf Minuten. Manchmal dusche ich mich auch am Morgen. Dann gehe ich in die Küche. Ich trinke Kaffee am

je bois du café. Je verse l'eau dans une théière. Je place la bouilloire sur le four. Je prépare du café. Je verse le café dans la tasse. Je bois du café sans sucre. Puis je prends un bol. Je verse des céréales dans le bol. J'y ajoute du lait. J'ajoute plusieurs cuillères de sucre ou de miel. Je prends une pomme et je la coupe dans le bol de céréales. Je peux aussi faire un sandwich. Je coupe un morceau de pain et met un peu de saucisse et de fromage sur le pain. Cela me prend vingt minutes.

Je dois me diriger vers l'université. Je vais à ma chambre. Je rassemble mes livres et cahiers dans un sac. Le sac est près de la chaise. Je vais à l'extérieur.

La température est belle dehors. Je descends la rue. Afin de me rendre à l'université, j'ai besoin des trolleybus numéro sept et neuf. Je peux aussi me rendre là-bas avec le minibus numéro sept ou dix. L'arrêt d'autobus n'est pas loin à pied. Cela me prend environ cinq minutes. J'attends à l'arrêt d'autobus. Il y a beaucoup de gens à l'arrêt d'autobus. Le minibus numéro sept s'arrête. Je monte dans le minibus. Puis je paie le trajet. Le trajet est de trois euros. Il y a un siège libre dans le minibus. Je m'assois. Après cinq arrêts, je descends du minibus. Je vais à l'université. Cela me prend environ vingt minutes.

Je quitte l'université à trois heures. Je reviens à pied. En marchant je passe devant magasins. Je marche entre un musée et un cinéma. Ensuite je marche sur un pont. Le pont est situé au-dessus d'un lac. Je traverse un parc. Je marche parmi les arbres dans le

Morgen. Ich gieße Wasser in den Kessel und stelle ihn auf den Herd. Ich koche etwas Kaffee. Ich gieße den Kaffee in eine Tasse ein. Ich trinke Kaffee ohne Zucker. Dann nehme ich eine Schüssel. Ich schütte Cerealien in die Schüssel. Ich gebe etwas Milch hinzu. Ich füge noch einige Löffel Zucker oder Honig hinzu. Ich nehme einen Apfel und schneide ihn in die Schüssel mit Cerealien. Ich kann auch ein belegtes Brot machen. Ich Schneide ein Stück Brot und lege etwas Wurst und Käse darauf. Es dauert zwanzig Minuten.

Ich muss zur Universität gehen. Ich gehe in mein Zimmer. Ich sammle Bücher und Hefte in einer Tasche. Ich gehe nach draußen.

Das Wetter draußen ist gut. Ich gehe der Straße entlang. Um die Universität zu erreichen, muss ich O-Bus Nummer Sieben oder Neun nehmen. Ich kann dort auch mit Minibus Nummer Sieben oder Zehn fahren. Es ist nicht weit zur Haltestelle. Es dauert ungefähr fünf Minuten. Ich stehe an der Haltestelle. Es gibt viele Leute an der Haltestelle. Minibus Nummer Sieben kommt. Ich steige ein. Dann bezahle ich. Die Fahrt kostet drei Euro. Es gibt einen leeren Platz im Minibus. Ich setze mich. Ich steige nach fünf Haltestellen aus. Ich komme zur Universität. Es dauert ungefähr zwanzig Minuten.

Ich verlasse die Universität um drei Uhr. Ich gehe zurück zu Fuß. Ich gehe an einigen Läden vorbei. Ich gehe zwischen einem Museum und einem Theater. Dann gehe ich über eine Brücke. Die Brücke liegt oberhalb eines Sees. Ich gehe durch einen Park. Ich gehe zwischen den Bäumen im Park. Ein großer Vogel sitzt auf

parc. Un gros oiseau est assis dans un arbre. Je passe près d'une voiture. Un chat est assis sous la voiture. Je passe près d'un supermarché. J'arrive à ma maison. Près de ma maison il y a beaucoup de fleurs. Je vais à la porte. J'ouvre la porte et j'entre.

einem Baum. Ich gehe an einem Auto vorbei. Eine Katze sitzt unter dem Auto. Ich gehe an einem Supermarkt vorbei. Mein Haus liegt nicht weit. Es liegt hinter dem Supermarkt. Ich gehe zu meinem Haus. Neben meinem Haus gibt es viele Blumen. Ich gehe zur Tür. Ich mach die Tür auf und gehe hinein.

C

Questions et Réponses

- À quelle heure te lèves-tu?
- Je me lève à sept heures du matin.
- Brosses-tu tes dents le matin?
- Oui, je brosse mes dents chaque matin.
- Prends-tu une douche le matin?
- Parfois, je prends une douche le matin.
- Bois-tu du thé ou du café le matin?
- Je bois habituellement du café.
- Bois-tu ton café avec du sucre?
- Non, je bois mon café sans sucre.
- Pour combien de temps manges-tu le petit déjeuner?
- Ça me prend vingt minutes.
- Vas-tu à l'université en métro?
- Non, je m'y rends habituellement en autobus.
- Est-ce une longue marche jusqu'à l'arrêt?
- Non, l'arrêt d'autobus n'est pas loin.
- Combien coûte le trajet d'autobus?
- Le trajet coûte trois euros.
- Combien d'arrêts y'a-t-il sur ta route?
- Je descends de l'autobus au cinquième arrêt.
- Est-ce que cela te prend longtemps?
- J'arrive à l'université après environ vingt minutes.
- Retournes-tu par autobus aussi?

Fragen und Antworten

- Wann stehst du auf?
- Ich stehe um sieben Uhr auf.
- Putzest du deine Zähne am Morgen?
- Ja, ich putze meine Zähne jeden Morgen.
- Duschst du dich am Morgen?
- Manchmal dusche ich mich am Morgen.
- Trinkst du Tee oder Kaffee am Morgen?
- In der Regel trinke ich Kaffee.
- Trinkst du Kaffee mit Zucker?
- Nein, ich trinke Kaffee ohne Zucker.
- Wie lange isst du das Frühstück?
- Es dauert zwanzig Minuten.
- Fährst du zur Universität mit der U-Bahn?
- Nein, in der Regel fahre ich mit dem Bus.
- Hast du einen langen Weg zur Haltestelle?
- Nein, die Haltestelle ist nicht weit.
- Wieviel kostet eine Fahrt?
- Die Fahrt kostet drei Euro.
- Wie viele Haltestellen gibt es an deinem Weg?
- Ich steige an der fünften Haltestelle aus.
- Dauert die Fahrt es lange?
- Ich bin an der Universität nach ungefähr zwanzig Minuten.
- Kommst du auch mit dem Bus zurück?

- Non, je retourne à pied.
- Marches-tu toujours dans les rues?
- En premier, vais le long de la route à côté des arrêts de bus, puis je traverse le parc.
- Où est ta maison?
- Elle est située derrière le supermarché.
- Y'a-t-il des fleurs qui poussent près de ta maison?
- Il y a beaucoup de fleurs près de ma maison.

- Nein, zurück gehe ich zu Fuß.
- Gehst du immer den Straßen entlang?
- Zuerst gehe ich der Straße entlang neben den Haltestellen und dann gehe ich durch den Park.
- Wo ist dein Haus?
- Es steht hinter dem Supermarkt.
- Gibt es Blumen neben deinem Haus?
- Ja, es gibt viele Blumen neben meinem Haus.

9

Briser la glace
Brich das Eis

Un père et son fils rentrent d'une promenade. La mère entre dans la chambre et voit le fils debout, regardant la télévision avec les mains en l'air.
« Pourquoi as-tu les mains en l'air? », lui demande-t-elle.
« À cause de papa ! », répond le fils.
Le père entre dans la pièce.
« Je lui ai retiré son sweater », explique-t-il. « Mon cœur, baisse tes mains et assieds-toi sur le canapé, s'il te plaît ».

Ein Vater und sein kleiner Sohn kommen von einem Spaziergang nach Hause. Die Mutter kommt in das Zimmer und sieht, dass der Sohn dort steht, fernsehend, mit seinen Händen oben.
„Warum sind deine Hände oben?", fragt sie ihn.
„Es ist wegen Papa", antwortet er.
Der Vater kommt ins Zimmer.
„Ich habe ihm den Pullover ausgezogen", erklärt er, „Schatz, nimm deine Hände runter und setz dich aufs Sofa, bitte."

J'aime aller au cinéma

Ich gehe gerne ins Kino

A

Mots

Vokabeln

1. acheter - kaufen
2. alors, ensuite, plus tard - dann
3. ami(m), amie(f) - der Freund/die Freundin
4. amusant(m), amusante(f) - lustig
5. autobus, bus - der Bus
6. billet - die Fahrkarte
7. bouillir - kochen, sieden
8. casserole - die Kasserolle, der (Koch)topf
9. chemin, voie, route - der Weg
10. comédie - die Komödie
11. commander - bestellen
12. commencer - anfangen, beginnen
13. crème glacée - das Eis
14. délicieux(m), délicieuse(f) - lecker
15. dire aurevoir - sich verabschieden
16. discuter - besprechen
17. effrayant(m), effrayante(f) - schrecklich, fürchterlich
18. ensemble - zusammen, gemeinsam
19. film - der Film
20. fleuve - der Fluss
21. gâteau, dessert - das Dessert, der Nachtisch
22. hamburger - der Hamburger
23. jeu - das Spiel
24. lunch - das Mittagsessen

25. micro-ondes - die Mikrowelle
26. parler - reden, sich unterhalten
27. payer - (be)zahlen
28. pleurer - weinen
29. plus loin - weiter
30. prendre le lunch - zu Mittag essen
31. prendre, prendre quelque chose - bekommen, nach etwas greifen
32. quelque chose - etwas
33. quinze - fünfzehn
34. rapidement - schnell
35. réchauffer - aufwärmen
36. rencontrer - treffen
37. rire - lachen
38. rive - das Ufer
39. route, chemin - der Weg
40. sans parler, silencieusement - schweigend
41. se promener - spazieren gehen
42. serveur(m), serveuse(f) - der Kellner
43. s'habiller - sich ankleiden
44. sombre, noir - dunkel
45. soupe - die Suppe
46. sucré(m), sucrée(f), doux(m), douce(f) - süß
47. treize - dreizehn
48. vendredi - der Freitag
49. vers, en direction de - entgegen
50. voiture, automobile - das Auto

B

J'arrive habituellement à la maison à trois heures. Je vais à ma chambre. Je mets mon sac sur la table. Je vais à la toilette. Puis je vais à la salle de bain. Je lave mes mains et mon visage. Parfois je peux prendre une douche. Puis je déjeune. Je mange habituellement une soupe. Je prends une casserole de soupe du réfrigérateur. Je mets la casserole sur le four. Quand la soupe est chaude, je la verse dans un bol pour moi-même. Je prends une cuillère et mange la soupe. Avec la soupe, je mange aussi du pain. Je vais au buffet de cuisine. Puis je prends un couteau du buffet de cuisine. Je coupe quelques tranches de pain. Parfois, je mande de la pizza. Ma mère fait des bonnes pizzas. Je tranche un morceau de pizza. Puis je le réchauffe dans le micro-ondes. Après le

In der Regel komme ich nach Hause um drei Uhr. Ich gehe in mein Zimmer. Ich stelle meine Tasche auf den Tisch. Ich gehe in die Toilette. Dann gehe ich ins Badezimmer. Ich wasche meine Hände und mein Gesicht. Manchmal nehme ich auch eine Dusche. Dann esse ich zu Mittag. In der Regel esse ich zu Mittag eine Suppe. Ich nehme einen Topf Suppe aus dem Kühlschrank. Ich stelle den Topf auf den Herd. Wenn die Suppe schon heiß ist, gieße ich sie in eine Schüssel für mich. Ich nehme einen Löffel und esse die Suppe. Ich esse auch Brot mit der Suppe. Ich gehe zum Küchenschrank. Ich nehme eine Messer aus dem Küchenschrank. Ich schneide einige Scheiben Brot. Manchmal esse ich Pizza. Meine Mutter macht eine gute Pizza. Ich schneide ein Stück Pizza ab. Dann wärme ich

déjeuner, je mange quelque chose de sucré. Je mange du gâteau. Le gâteau est délicieux. Je bois aussi du thé avec le gâteau. Je mets la bouilloire sur le four. La bouilloire bout. Je prépare du thé noir pour moi-même. Je verse un peu de thé et deux cuillères à thé de sucre dans ma tasse. Mon chat vient aussi pour dîner. Je lui verse un peu de lait. Je vais jouer à l'ordinateur après le déjeuner. L'ordinateur est dans ma chambre. J'ai beaucoup de jeux d'ordinateur. Je joue à l'ordinateur pour une heure.

J'aime aller au cinéma. J'y vais avec mes amis chaque vendredi. Aujourd'hui nous irons aussi. Le film commence dans deux heures. Je vais à la salle de bain pour prendre une douche. Puis je vais à ma chambre. Je m'habille et vais au cinéma. Je quitte la maison. Il y a une voiture rouge placée près de la maison. C'est la voiture de ma mère. Je marche dans la rue. Je passe à côté du supermarché. J'arrive à l'arrêt d'autobus. J'attends à l'arrêt d'autobus. Pour aller au cinéma, j'ai besoin de l'autobus numéro treize. J'attends l'autobus pour environ cinq minutes. L'autobus numéro treize s'arrête. Je monte dans l'autobus. Je paie le tarif. L'autobus a beaucoup de sièges vides. Je m'assois à la fenêtre. Après trois arrêts, je descends de l'autobus. Ça me prend environ cinq minutes. Je traverse le parc. Cela prend dix minutes pour me rendre au cinéma. Sur le chemin, je rencontre mes amis Tom et Sarah.

Nous rentrons dans le cinéma. J'achète des billets pour une comédie très amusante. Nous allons dans la salle et nous assoyons dans nos

es in der Mikrowelle auf. Nach dem Mittagsessen esse ich noch etwas Süßes. Ich esse einen Kuchen. Das Kuchen ist lecker. Ich trinke auch Tee zum Kuchen. Ich stelle den Kessel auf dem Herd. Das Wasser kocht. Ich koche schwarzen Tee für mich. Ich schütte etwas Tee und zwei Löffel Zucker in die Tasse. Meine Katze kommt auch zum Mittagsessen. Ich gebe ihr etwas Milch. Nach dem Mittagsessen gehe ich mit dem Computer spielen. Der Computer ist in meinem Zimmer. Ich habe viele Computerspiele. Ich spiele ungefähr eine Stunde lang.

Ich gehe gerne ins Kino. Ich gehe mit meinen Freunden ins Kino jeden Freitag. Heute gehen wir auch. Der Film fängt in zwei Stunden an. Ich gehe ins Badezimmer, um eine Dusche zu nehmen. Dann gehe ich in mein Zimmer. Ich kleide mich an und gehe ins Kino. Ich verlasse das Haus. Es gibt ein rotes Auto neben dem Haus. Das ist das Auto meiner Mutter. Ich gehe der Straße entlang. Ich gehe an dem Supermarkt vorbei. Ich komme zur Haltestelle. Ich warte an der Haltestelle. Um ins Kino zu fahren, brauche ich Bus Nummer Dreizehn. Ich warte auf den Bus fünf Minuten lang. Bus Nummer Dreizehn kommt. Ich steige ein. Ich zahle für die Fahrkarte. Es gibt viele leere Plätze im Bus. Ich setze mich an das Fenster. Nach drei Haltestellen steige ich aus. Die Fahrt dauert ungefähr fünf Minuten. Ich gehe durch den Park. Es dauert zehn Minuten, das Kino zu erreichen. Auf dem Weg treffe ich meine Freunde, Tom und Sarah.

Wir gehen ins Kino hinein. Ich kaufe Karten für eine sehr lustige Komödie. Wir gehen in den

sièges. Dans la salle, il y a beaucoup de gens. Nous rions pendant tout le film. Après le film, Tom, Sarah et moi allons dans un café. Nous traversons la rue. Un homme avec un chien vient vers nous. Le chien est gros et effrayant. Nous passons à côté d'eux rapidement. Puis nous passons devant un musée. Ensuite nous allons sur le pont. Le pont est au-dessus du fleuve. Nous voyons le café le long du fleuve. Le café n'a pas beaucoup de gens. Un serveur s'approche. Sarah commande une crème glacée. Tom et moi commandons chacun un hamburger. Nous discutons du film et rions. Il fait déjà noir dehors. Nous quittons le café. Nous devons rentrer à la maison. Nous nous disons au revoir. Sarah et Tom vivent dans le quartier. Ils rentrent à pied. Je marche jusqu'à l'arrêt d'autobus.

Saal und setzen uns auf unsere Plätze. Im Saal gibt es viele Leute. Wir lachen die ganze Zeit. Nach dem Film gehe ich mit Tom und Sarah in ein Café. Wir überqueren die Straße. Ein Mann mit einem Hund geht in unsere Richtung. Der Hund ist groß und fürchterlich. Wir gehen schnell weiter. Dann gehen wir an einem Museum vorbei. Dann gehen wir über die Brücke. Die Brücke befindet sich über dem Fluss. Wir sehen das Café neben dem Fluss. Es gibt nicht viele Leute im Café. Ein Kellner kommt zu uns. Sarah bestellt Eis. Tom und ich bestellen beide je einen Hamburger. Wir reden über den Film und lachen. Draußen ist es schon dunkel. Wir verlassen das Café. Wir müssen nach Hause gehen. Wir verabschieden uns. Sarah und Tom wohnen in der Nähe. Die gehen zu Fuß nach Hause. Ich gehe zur Bushaltestelle.

C

Questions et Réponses

- À quelle heure reviens-tu de l'université?
- Je reviens à trois heures.
- Prends-tu une douche quand tu reviens?
- Je prends parfois une douche.
- Que fais-tu alors?
- Je déjeune.
- Que manges-tu pour le déjeuner?
- Je mange habituellement de la soupe ou de la pizza.
- Fais-tu ton repas toi-même?
- Non, ma mère le prépare pour moi.
- Bois-tu du thé après le lunch?

Fragen und Antworten

- Wann kommst du von der Universität zurück?
- Ich komme um drei Uhr nach Hause.
- Nimmst du eine Dusche, als du nach Hause kommst?
- Manchmal nehme ich eine Dusche.
- Was machst du später?
- Ich esse zu Mittag.
- Was isst du zu Mittag?
- In der Regel esse ich Suppe oder Pizza.
- Kochst du das Essen selbst?
- Nein, meine Mutter kocht es für mich.

- Oui, je bois du thé avec le gâteau.
- Quelle sorte de thé bois-tu?
- Je prépare du thé noir pour moi.
- Combien de sucre mets-tu dans ton thé?
- Je mets deux cuillères à thé de sucre.
- Que fais-tu ensuite?
- Ensuite je vais jouer à l'ordinateur.
- Aimes-tu aller au cinéma?
- Oui, j'aime aller au cinéma.
- Vas-tu au cinéma seul?
- Non, j'y vais avec mes amis.
- Vas-tu au cinéma souvent?
- Je vais au cinéma chaque vendredi.
- Quel autobus prends-tu pour aller au cinéma?
- Je vais au cinéma avec l'autobus treize.
- Après combien de arrêts descends-tu de l'autobus?
- Je descends de l'autobus après trois arrêts.
- Pour combien de temps prends-tu l'autobus?
- Ça me prend environ quinze minutes.
- Combien cela te prends de temps pour aller du parc vers le cinéma?
- Je traverse le parc vers le cinéma pendant dix minutes.
- Qui rencontres-tu en chemin?
- Sur le chemin, je rencontre mes amis Tom et Sarah.
- Qui achète les billets?
- J'achète les billets.
- Achètes-tu des billets pour une comédie ou pour un film de détective?
- J'achète des billets pour une comédie très amusante.
- Y'a-t-il beaucoup de gens dans la salle?
- Il y a beaucoup de gens dans la salle.
- Pendant le film, est-ce que vous riez ou

- Trinkst du Tee nach dem Mittagsessen?
- Ja, ich trinke Tee zum Kuchen.
- Welchen Art Tee trinkst du?
- Ich mache schwarzen Tee für mich.
- Wieviel Zucker gibst du zum Tee?
- Ich gebe zwei Löffel Zucker.
- Was machst du später?
- Ich spiele mit dem Computer.
- Gehst du gerne ins Kino?
- Ja, ich gehe sehr gerne ins Kino.
- Gehst zu allein ins Kino?
- Nein, ich gehe mit meinen Freunden.
- Gehst du oft ins Kino?
- Ich gehe ins Kino jeden Freitag.
- Mit welchem Bus fährst du ins Kino?
- Ich fahre mit dem Bus Nummer Dreizehn.
- Nach wie vielen Haltestellen steigst du aus?
- Ich steige nach drei Haltestellen aus.
- Wie lang fährst du mit dem Bus?
- Es dauert ungefähr fünfzehn Minuten.
- Wie lange gehst du durch den Park zum Kino?
- Ich gehe durch den Park ungefähr zehn Minuten lang.
- Wen triffst du auf dem Weg?
- Ich treffe meine Freunde, Tom und Sarah.
- Wer kauft die Karten?
- Ich kaufe die Karten.
- Kaufst du Karten für eine Komödie oder für einen Kriminalfilm?
- Ich kaufe Karten für eine sehr lustige Komödie.
- Gibt es viele Leute im Saal?
- Es gibt viele Leute im Saal.
- Lacht ihr oder weint während des Filmes?
- Wir lachen die ganze Zeit.

pleurez?
- Nous rions pendant tout le film.
- Après le film, allez-vous à la maison?
- Parfois, je me promène ou je vais à un café.
- Avec qui vas-tu au café après le film?
- Après le film, Tom, Sarah et moi allons au café.
- Qui vient vers vous?
- Un homme avec un chien vient vers nous.
- Où est le café?
- Le café est situé sur la rive du fleuve.
- Que commandez-vous?
- Sarah commande une crème glacée. Tom et moi commandons un hamburger.
- Mangez-vous en silence ou parlez-vous?
- Nous discutons du film et rions.
- Après le café, allez-vous à la maison ensemble?
- Sarah et Tom vont à la maison à pied. Je marche jusqu'à l'arrêt d'autobus.

- Gehst du nach Hause nach dem Film?
- Manchmal spaziere ich oder gehe in ein Café.
- Mit wem gehst du nach dem Film ins Café?
- Nach dem Film gehe ich mit Tom und Sarah ins Café.
- Wer geht in eure Richtung?
- Ein Mann mit einem Hund kommt in unsere Richtung.
- Wo ist das Café?
- Das Café liegt auf dem Ufer des Flusses.
- Was bestellt ihr?
- Sarah bestellt Eis und Tom und ich bestellen je einen Hamburger.
- Esst ihr in Stille oder redet ihr?
- Wir reden über den Film und lachen.
- Geht ihr danach gemeinsam nach Hause?
- Sarah und Tom gehen zu Fuß nach Hause. Ich gehe zur Haltestelle.

10

Briser la glace
Brich das Eis

Le téléphone sonne. La mère répond au téléphone. Son fils appelle.
« Maman ! Regarde par la fenêtre ! », son fils dit, « Peux-tu voir quelqu'un qui court avec un pantalon sale dans les flaques ? C'est moi ! Je suis déjà tombé plusieurs fois ! »

Das Telefon klingelt. Die Mutter geht ans Telefon. Ihr Sohn ruft an.
„Mama! Schau aus dem Fenster!", sagt ihr Sohn, „Kannst du jemanden in schmutzigen Hosen auf Pfützen rennen sehen? Das bin ich! Ich bin schon zweimal gefallen!"

Jack veut être un avocat

Jack will Rechtsanwalt werden

 A

Mots

Vokabeln

1. accepter, être en accord - zustimmen
2. acheter - kaufen
3. aéroport - der Flughafen
4. alcoolique - Alkohol
5. appartement - die Wohnung
6. appeler - rufen
7. apporter, transporter - hinbringen
8. argent - das Bargeld, das Geld
9. autoroute - die Autobahn
10. autour, environ - (rund) um
11. avion - das Flugzeug
12. avocat(m), avocate(f) - der (Rechts)anwalt
13. bagage - das Gepäck
14. banlieue - der Vorort, die Vorstadt
15. bar - die Bar, die Gaststätte
16. berge, rive - die Bank
17. bientôt - bald
18. boisson - das Getränk
19. bouchon de circulation - der Stau
20. brûler - brennen
21. caissier(m), caissière(f) - der Kassierer
22. carte - die Landkarte
23. centre - das Zentrum
24. chose - das Ding
25. clé - der Schlüssel
26. conducteur(m) conductrice(f), chauffeur(m), chauffeuse(f) - der Fahrer
27. conduire - ausfahren
28. continuer - weitermachen
29. délicieux(m), délicieuse(f) - lecker
30. demander - fragen

31. demi(m), demie(f) - die Hälfte
32. dire - sagen
33. diriger, mener - führen, leiten
34. données, information - die Angaben
35. donner - geben
36. dormir - schlafen
37. épicerie - das Lebensmittelgeschäft
38. feu de circulation - die Ampel
39. fontaine - der Springbrunnen, die Fontäne
40. hôtel - das Hotel
41. huit-cent - achthundert
42. information - die Auskunft
43. jamais - nie(mals)
44. montrer - zeigen
45. monument - das Denkmal
46. nécessaire - nötig, notwendig
47. où - wohin
48. pas gros(m), pas grosse(f), petit(m), petite(f) - nicht groß
49. passeport - der Pass
50. peu onéreux, pas cher - nicht teuer, preisgünstig
51. place - der Platz
52. policier(m), policière(f) - der Polizist
53. pour une personne - Einpersonen, simple
54. pourquoi - warum
55. prendre des photos/images - fotografieren
56. prendre, obtenir (quelque chose) - bekommen
57. prendre, ramasser - wegnehmen
58. refuser - absagen
59. regarder - aussehen
60. restaurant - das Restaurant
61. réveiller - aufstehen
62. salon - das Wohnzimmer
63. sortie - der Ausgang
64. station - die Station, der Bahnhof
65. taxi - das Taxi
66. transport - der Transport, der Verkehr
67. travailleur, employé(m), employée(f) - der Arbeiter
68. une fois, un jour - irgendwann
69. vol - der Flug
70. voler - fliegen
71. wagon, voiture - der Wagen

B

Aujourd'hui mon ami Jack vient. Il devrait arriver par avion. Il sera à l'aéroport à neuf heures du matin. Je dois le rencontrer là-bas. Je me réveille, je m'habille. Puis je vais à la cuisine pour le petit déjeuner. J'appelle un taxi. Un taxi arrive en quinze minutes. Je monte dans la voiture. Je vais à l'aéroport en taxi. L'aéroport est situé dans la banlieue. Je

Heute kommt mein Freund Jack. Er soll mit dem Flugzeug kommen. Er soll um neun Uhr morgens auf dem Flughafen sein. Ich muss ihn dort treffen. Ich stehe auf, kleide mich an. Dann gehe ich in die Küche, um das Frühstück zu essen. Ich rufe ein Taxi. Das Taxi kommt in fünfzehn Minuten. Ich steige ein. Ich fahre zum Flughafen mit dem Taxi. Der Flughafen

traverse la ville. Il y a des bouchons dans la ville. Conduire prend beaucoup de temps. Puis je sors de la ville. Le taxi roule sur l'autoroute. Il faut une heure pour se rendre à l'aéroport. Je roule jusqu'à l'aéroport. Puis je paie le tarif au chauffeur de taxi. Il est huit heures et demie. Jack arrive sur le vol numéro huit-cent-quinze. Je demande au kiosque d'information où est la sortie pour le vol huit-cent-quinze. J'attends le vol de Jack. L'avion atterrit. Je vois Jack. Nous ramassons son bagage. Nous montons dans un taxi près de l'aéroport. Puis nous allons à un hôtel. Jack va dormir à l'hôtel. Jack n'a pas beaucoup d'argent. Je connais un hôtel bon et pas cher. C'est près de ma maison. Nous roulons jusqu'à l'hôtel. Jack approche de l'hôtel. Il va vers la réception. Jack veut une chambre simple. Un membre du personnel demande à Jack de donner son passeport. Jack donne son passerport. La réceptionniste entre ses données dans l'ordinateur. Jack paie pour la chambre par carte de crédit. Un employé de l'hôtel dirige Jack à sa chambre et lui donne les clés. Sa chambre est petite mais confortable. Elle a une cuisine, une salle de bain, un salon et une chambre à coucher.

Jack est venu dans la ville pour étudier à l'université. Il veut être un avocat. Jack me demande de lui montrer la ville. J'accepte. Nous allons dehors dans la rue. La température est bonne dehors. Nous allons à la station de métro. Jack n'a jamais pris le métro. Un billet de métro coûte deux euros. Puis nous montons dans un wagon de métro. Nous allons au centre-ville. Le trajet là-bas nous prend vingt-cinq minutes. Dans le centre-

befindet sich im Vorort. Ich fahre durch die Stadt. In der Stadt gibt es Stau. Es dauert lang, durch die Stadt zu fahren. Dann verlasse ich die Stadt. Das Taxi fährt auf der Autobahn. Es dauert eine Stunde, den Flughafen zu erreichen. Ich fahre bis zum Flughafen. Dann bezahle ich dem Taxifahrer die Fahrt. Es ist acht Uhr dreißig. Jack kommt mit dem Flug Nummer Achthundertfünfzehn. Ich frage im Auskunftspunkt, wo der Ausgang für den Flug Achthundertfünfzehn ist. Ich warte auf Jacks Flugzeug. Das Flugzeug landet. Ich sehe Jack. Wir sammeln sein Gepäck ein. Neben dem Flughafen nehmen wir ein Taxi. Dann fahren wir ins Hotel. Jack wird im Hotel wohnen. Jack hat nicht so viel Geld. Ich kenne ein gutes und billiges Hotel. Es liegt in der Nähe meines Hauses. Wir fahren bis zum Hotel. Jack geht in die Richtung des Hotels. Er geht zur Rezeption. Jack will ein Einzelzimmer. Ein Hotelangestellte bittet Jack um seinen Pass. Der Hotelangestellte gibt seine Angaben in einen Computer ein. Jack zählt für sein Zimmer mit der Kreditkarte. Ein Hotelangestellter führt Jack zu seinem Zimmer und gibt ihm die Schlüssel. Sein Zimmer ist klein, aber gemütlich. Es gibt dort eine Küche, ein Bad, ein Wohnzimmer und ein Schlafzimmer.

Jack kam in die Stadt, um an der Universität zu studieren. Er will Rechtsanwalt werden. Jack bittet mich, ihm die Stadt zu zeigen. Ich stimme zu. Wir gehen auf die Straße. Das Wetter draußen ist gut. Wir gehen zur U-Bahn-Station. Jack ist noch nie mit der U-Bahn gefahren. Die Fahrkarte kostet zwei Euro. Wir steigen in den U-Bahn-Wagen ein. Wir fahren ins Zentrum.

ville, il y a une grande place et un monument. Le monument est gros et beau. Il y a beaucoup de gens autour du monument. Ils prennent des photos. Il y a aussi une grande fontaine. Beaucoup de gens sont assis près de la fontaine. Nous allons plus loin. Je montre des magasins à Jack. Vous pouvez acheter tout ce que vous voulez là. Il y a des épiceries, des boutiques de mode et d'autres magasins. Puis je dirige Jack à son université. Nous passons par la station de police. Nous avons besoin de traverser la rue. Le feu de circulation est rouge. Nous attendons. La lumière devient verte. Nous traversons la rue. Sur la route je montre à Jack les cafés et restaurants où vous pouvez bien manger. Nous passons par un bar. Il y a beaucoup de boissons alcoolisées dans le bar.

Die Fahrt dauert fünfundzwanzig Minuten. Im Stadtzentrum gibt es einen großen Platz und ein Denkmal. Das Denkmal ist groß und schön. Es gibt viele Leute rund um das Denkmal. Sie machen Fotos. Es gibt auch einen großen Springbrunnen. Viele Leute sitzen neben dem Springbrunnen. Wir gehen weiter. Ich zeige Jack Geschäfte. Dort kann man alles kaufen, was man braucht. Es gibt Lebensmittelgeschäfte, Kleidergeschäfte und andere Geschäfte. Dann führe ich Jack zur Universität. Wir gehen an dem Polizeirevier vorbei. Wir müssen über die Straße gehen Die Ampel ist rot. Wir warten. Die Ampel wird grün. Wir gehen über die Straße. Auf dem Weg zeige ich Jack Cafés und Restaurants, in denen man gut essen kann. Wir gehen neben einer Bar. Es gibt viele Alkoholgetränke in der Bar.

C

Questions et Réponses

- Qui vient aujourd'hui?
- Aujourd'hui mon ami Jack arrive.
- Par quel transport est-il supposé arriver?
- Il est supposé arriver par avion.
- À quelle heure arrive-t-il?
- À neuf heures du matin il sera à l'aéroport.
- Vas-tu le rencontrer?
- Oui, je dois le rencontrer.
- Où vas-tu pour le petit-déjeuner?
- Je vais à la cuisine pour le petit-déjeuner.
- Iras-tu à l'aéroport par autobus ou appelleras-tu un taxi?
- Je vais appeler un taxi.

Fragen und Antworten

- Wer kommt heute?
- Mein Freund Jack kommt heute.
- Mit welcher Art Transport soll er kommen?
- Er soll mit dem Flugzeug kommen.
- Wann kommt er?
- Er soll um neun Uhr morgens auf dem Flughafen sein.
- Triffst du ihn dort?
- Ja, ich muss ihn treffen.
- Wohin gehst du, um zu frühstücken?
- Ich gehe in die Küche, um dort Frühstück zu essen.
- Fährst du zum Flughafen mit dem Bus oder

- Combien de temps le taxi prend-il pour arriver?
- Le taxi arrive en quinze minutes.
- Où est l'aéroport?
- L'aéroport est situé dans la banlieue.
- Y'a-t-il des bouchons de circulation dans la ville?
- Oui, il y a des bouchons de circulation dans la ville.
- Combien de temps faut-il pour aller à l'aéroport?
- Ça prend une heure pour aller à l'aéroport.
- Sur quel vol Jack arrive-t-il?
- Jack arrive sur le vol huit-cent-quinze.
- Que demandes-tu au kiosque d'information?
- Je demande au kiosque d'information où la sortie pour le vol huit-cent-quinze sera.
- Que fais-tu à l'aéroport?
- J'attends l'avion de Jack.
- Jack et toi allez-vous à un café?
- Non, nous ramassons son bagage.
- Allez-vous à un arrêt d'autobus?
- Non, nous prenons un taxi près de l'aéroport.
- Où allez-vous?
- Nous allons à un hôtel.
- Jack restera-t-il dans un hôtel ou un appartement?
- Jack restera à l'hôtel.
- Est-ce que Jack a beaucoup d'argent?
- Non, Jack n'a pas beaucoup d'argent.
- Aideras-tu Jack à trouver un hôtel peu cher?
- Oui, je connais un hôtel bon et pas cher.
- Diras-tu où il se trouve?
- C'est près de ma maison.
- Roulez-vous vers ta maison ou l'hôtel?
- Nous roulons vers l'hôtel.

wirst du ein Taxi rufen?
- Ich rufe ein Taxi.
- Wie schnell kommt das Taxi?
- Das Taxi kommt in fünfzehn Minuten.
- Wo ist der Flughafen?
- Der Flughafen befindet sich im Vorort.
- Gibt es Stau in der Stadt?
- Ja, es gibt Stau in der Stadt.
- Wie lange dauert es, zum Flughafen zu fahren?
- Es dauert eine Stunde, zum Flughafen zu fahren.
- Mit welchem Flug kommt Jack?
- Jack kommt mit dem Flug Nummer Achthundertfünfzehn.
- Was fragst du am Auskunftspunkt?
- Ich frage, wo sich der Ausgang für Flug Achthundertfünfzehn befindet.
- Was machst du auf dem Flughafen?
- Ich warte auf Jacks Flugzeug.
- Gehst du mit Jack zum Café?
- Nein, wir sammeln sein Gepäck ein.
- Geht ihr zur Bushaltestelle?
- Nein, wir gehen zum Taxi neben dem Flughafen.
- Wohin fahrt ihr?
- Wir fahren ins Hotel.
- Wird Jack in einem Hotel oder in einer Wohnung wohnen?
- Jack wird im Hotel wohnen.
- Hat Jack viel Geld?
- Nein, Jack hat nicht so viel Geld.
- Hilfst du Jack, ein billiges Hotel zu finden?
- Ja, ich kenne ein gutes und billiges Hotel.
- Kannst du sagen, wo es ist?
- Es ist in der Nähe meines Hauses.

- Où vas Jack?
- Jack entre dans l'hôtel.
- Qui approche-t-il?
- Il approche un employé de l'hôtel.
- Quelle sorte de chambre Jack veut-il?
- Il veut une chambre pour une personne.
- Que demande l'employé de l'hôtel à Jack?
- L'employé de l'hôtel demande à Jack de lui donner son passeport.
- Jack donne-t-il son passeport?
- Oui, Jack donne son passeport.
- Qui entre ses données dans l'ordinateur?
- Le réceptionniste entre ses données dans un ordinateur.
- Jack paie-t-il pour la chambre en argent?
- Non, Jack paie pour la chambre par carte de crédit.
- Jack reçoit-il les clés du caissier avant d'aller dans sa chambre?
- Non, l'employé de l'hôtel dirige Jack à sa chambre et lui donne les clés.
- Sa chambre est-elle grande ou petite?
- Sa chambre est petite mais confortable.
- Y'a-t-il une cuisine dans sa chambre?
- Oui, il y a une cuisine, une salle de bain, un salon et une chambre à coucher.
- Pourquoi Jack vient en ville?
- Jack est venu en ville pour étudier à l'université.
- Que veut-il devenir?
- Il veut être un avocat.
- Qu'est-ce que Jack te demande?
- Jack me demande de lui montrer la ville.
- Acceptes-tu ou tu refuses?
- J'accepte.
- Où allez-vous?

- Fahrt ihr zu deinem Haus oder ins Hotel?
- Wir fahren zum Hotel.
- Wohin geht Jack?
- Jack geht in das Hotel hinein.
- Wem nähert sich Jack?
- Jack nähert sich an einen Hotelangestellten.
- Was für ein Zimmer will Jack?
- Jack will ein Einzelzimmer.
- Was fragt der Hotelangestellte Jack?
- Der Angestellte bittet Jack, ihm seinen Pass zu geben.
- Gibt ihm Jack seinen Pass?
- Ja, Jack gibt ihm seinen Pass.
- Wer gibt seine Angaben in den Computer ein?
- Der Hotelangestellte gibt seine Angaben in den Computer ein.
- Zählt Jack für das Zimmer mit dem Bargeld?
- Nein, Jack zählt für das Zimmer mit der Kreditkarte.
- Bekommt Jack seine Schlüssel vom Hotelangestellten und geht er dann ins Zimmer?
- Nein, der Hotelangestellte führt Jack zu seinem Zimmer und gibt ihm die Schlüssel.
- Ist sein Zimmer groß oder klein?
- Sein Zimmer ist klein aber gemütlich.
- Gibt es eine Küche in seinem Zimmer?
- Ja, es gibt eine Küche, ein Bad, ein Wohnzimmer und ein Schlafzimmer.
- Warum kommt Jack in die Stadt?
- Jack kommt in die Stadt, um an der Universität zu studieren.
- Wer will er werden?
- Er will Rechtsanwalt werden.
- Warum bittet dich Jack?

- Nous sortons.
- Comment est la température à l'extérieur?
- À l'extérieur la température est bonne.
- Où allez-vous?
- Nous allons à la station de métro.
- Jack a-t-il déjà pris le métro?
- Jack n'a jamais pris le métro.
- Combien coûte le trajet de métro?
- Le trajet de métro coûte deux euros.
- Où allez-vous?
- Nous allons au centre-ville.
- Combien de temps prend le trajet là-bas?
- Le trajet là-bas nous prend vingt-cinq minutes.
- Qu'y a-t-il au centre ville?
- Il y a une grande place et un monument au centre.
- Comment est le monument?
- Le monument est grand et beau.
- Combien de gens y'a-t-il autour du monument?
- Il y a beaucoup de gens autour du monument.
- Que font-ils?
- Ils prennent des photos.
- Qu'y a-t-il d'autre?
- Il y a aussi une grosse fontaine.
- Y'a-t-il beaucoup ou peu de gens à la fontaine?
- Beaucoup de gens sont assis à la fontaine.
- Que montres-tu d'autre à Jack?
- Je montre les magasins à Jack.
- Peux-tu acheter toutes les choses nécessaires là?
- Tu peux acheter tout ce dont tu as besoin là.
- Quels types de magasins y'a-t-il là-bas?
- Il y a des épiceries, des boutiques de vêtements et d'autres magasins.

- Jack bittet mich, ihm die Stadt zu zeigen.
- Stimmst du zu oder verweigerst du es?
- Ich stimme zu.
- Wohin geht ihr?
- Wir gehen nach draußen.
- Wie ist das Wetter draußen?
- Draußen ist das Wetter gut.
- Wohin geht ihr?
- Wir gehen zur U-Bahn-Station.
- Ist Jack schon mit der U-Bahn gefahren?
- Jack ist noch nie mit der U-Bahn gefahren.
- Wieviel kostet die Fahrkarte?
- Die Fahrkarte kostet zwei Euro.
- Wohin fahrt ihr?
- Wir fahren ins Zentrum.
- Wie lange dauert die Fahrt?
- Die Fahrt dauert fünfundzwanzig Minuten.
- Was gibt es im Zentrum?
- Im Zentrum gibt es einen großen Platz und ein Denkmal.
- Wie sieht das Denkmal aus?
- Das Denkmal ist groß und schön.
- Wie viele Leute gibt es rund um das Denkmal?
- Es gibt viele Leute rund um das Denkmal.
- Was machen sie?
- Sie machen Fotos.
- Was gibt es dort noch?
- Es gibt einen großen Springbrunnen.
- Gibt es viele Leute am Springbrunnen?
- Viele Leute sitzen am Springbrunnen.
- Was zeigst du Jack noch?
- Ich zeige ihm Geschäfte.
- Kann man dort alle nötigen Dinge kaufen?
- Man kann dort alles kaufen, was man braucht.

- Où mènes-tu Jack?
- Je mène Jack à son université.
- Quel type d'immeubles passez-vous?
- Nous passons une station de police.
- Devez-vous traverser la rue?
- Oui, nous devons traverser la rue.
- Quelle sorte de lumière est allumée au feu de circulation?
- Il y a une lumière rouge au feu de circulation.
- Marchez-vous sur la lumière rouge ou attendez-vous pour une lumière verte?
- Nous attendons pour que la lumière verte s'allume.
- Traversez-vous la rue ou continuez-vous à attendre?
- Nous traversons la rue.
- Montres-tu à Jack où vous pouvez manger?
- Oui, sur la route, je montre à Jack les cafés et restaurants où vous pouvez manger.
- Quelle sorte de place passez-vous?
- Nous passons un bar.
- Y'a-t-il des boissons alcoolisées dans le bar?
- Il y a beaucoup de boissons alcoolisées dans le bar.

- Welche Geschäfte sind es?
- Es sind Lebensmittelgeschäfte, Kleidergeschäfte und andere.
- Wohin führst du Jack?
- Ich führe Jack zu seiner Universität.
- An welchem Gebäuden gehr ihr vorbei?
- Wir gehen an einem Polizeirevier vorbei.
- Musst ihr über die Straße gehen?
- Ja, wir müssen über die Straße gehen.
- Welche Farbe hat die Ampel?
- Die Ampel ist rot.
- Geht ihr bei dem roten Licht oder wartet ihr auf das grüne Licht?
- Wir warten, bis die Ampel grün wird.
- Geht ihr über die Straße oder bleibt ihr stehen?
- Wir gehen über die Straße.
- Zeigst du Jack, wo man essen kann?
- Ja, auf dem Weg zeige ich Jack Cafés und Restaurants, in denen man essen kann.
- An welchem Ort geht ihr vorbei?
- Wir gehen an einer Bar vorbei.
- Gibt es viele Alkoholgetränke in der Bar?
- Ja, es gibt viele Alkoholgetränke in der Bar.

11

Briser la glace
Brich das Eis

Le petit Robert aime quand son grand père lui lit le livre sur Cendrillon. Son grand père connaît chaque mot sur chaque page par cœur. Robert lui demande de relire Cendrillon, mais son grand mère a laissé ses lunettes dans la voiture. Heureusement, il connaît très bien l'histoire. Alors, le grand père prend le livre et fait semblant de « lire ». Il arrive au moment où la tante de Cendrillon fait de la magie.
« La tante transforma une vieille Ford en un carrosse doré », « lit » le grand père.
Le petit Robert le regarde attentivement.
« Attend papi », dit le garçon, « je vais t'amener tes lunettes ».

Der kleine Robert mag es, wenn sein Opa ihm Bücher über Cinderella vorliest. Sein Opa kennt schon jedes Wort auf jeder Seite auswendig. Robert bittet ihn, wieder Cinderella zu lesen, allerdings ist die Brille seines Opas im Auto. Zum Glück kennt er die Geschichte sehr gut. Also nimmt der Opa das Buch und tut so, als ob er „liest".
Er kommt zu dem Moment, als Cinderellas Tante die Magie ausübt.
„Die Tante verwandelte einen alten Ford in eine goldene Kutsche", „liest" der Opa.
Der kleine Robert sieht ihn aufmerksam an.
"Warte Opa", sagt der Junge, "ich werde dir deine Brille bringen."

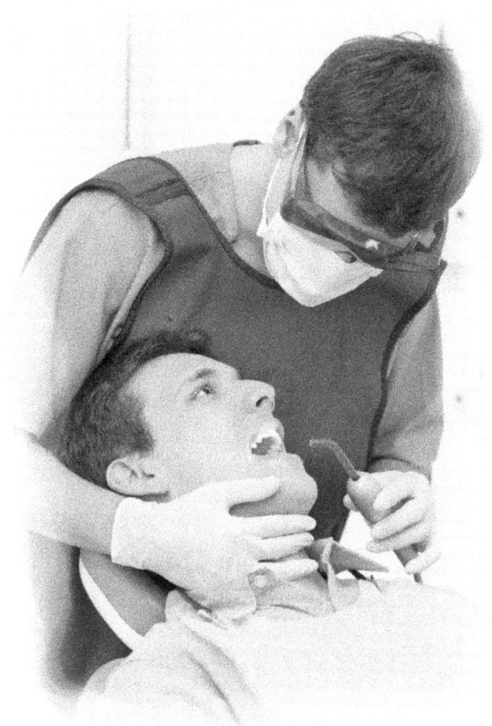

Jack est malade

Jack ist krank

Mots

Vokabeln

1. alors, à cause de ceci - deshalb
2. assurance - die Versicherung
3. bibliothèque - die Bibliothek, die Bücherei
4. bouger - sich bewegen
5. chaud(m), chaude(f) - warm
6. chercher, rechercher - suchen
7. cinéma, théâtre - das Theater
8. clinique - die Klinik
9. colline, montagne - der Berg
10. consultant(m), consultante(f) - der Berater
11. dent - der Zahn
12. dentiste - der Zahnarzt
13. design - das Design
14. devenir - werden
15. dix-neuf - neunzehn
16. donner, rendre, retourner - zurückgeben, abgeben
17. emploi, travail - die Anstellung, die Beschäftigung
18. être assez - genug sein
19. être malade - krank sein
20. étudiant à l'université - der Student

21. étudiant, élève - der Schüler
22. fois (combien de fois) - mal (einmal, zweimal etc.)
23. ici, là - hier(her)
24. jour - der Tag
25. laver, blanchir - waschen
26. lavomatique - die Selbstbedienungswäscherei
27. mieux, meilleur - besser
28. nager - schwimmen
29. onéreux (m), onéreux (f) - teuer
30. parce que, car - weil
31. pharmacie - die Apotheke
32. plage - der Strand
33. produits, nourriture - die Lebensmittel
34. saisir - greifen
35. se faire traiter - behandelt werden
36. semaine - die Woche
37. sentir - fühlen
38. suggérer, offrir - vorschlagen
39. suggestion - der Vorschlag
40. technologie - die Technologie
41. terre, sol - die Erde, der Boden
42. train - der Zug
43. traitement - die Behandlung
44. tunnel - der Tunnel
45. valeur, prix - der Preis, die Kosten (pl.)
46. verdure - die Grünfläche

B

Jack est un étudiant au collège. Il a dix-neuf ans. Il étudie à l'Université de Technologie et de Design. Il peut se rendre à l'université par autobus ou par métro. Jack y va habituellement par métro. Le trajet coûte deux euros. Il prend le métro pendant environ vingt minutes. Le métro roule d'abord sous terre, et ensuite, il va sur le pont au-dessus du fleuve.

En général, Jack ne prépare pas de nourriture pour lui. Dans notre ville, les restaurants sont onéreux, alors Jack mange habituellement dans un café. Il va aussi au supermarché pour acheter de la nourriture.

Jack va au lavomatique pour laver ses vêtements. Jack n'a pas de machine à laver dans sa chambre. Il donne ses vêtements

Jack ist Student. Er ist neunzehn Jahre alt. Er studiert an der Universität für Technologie und Design. Er kann zur Universität mit der U-Bahn oder mit dem Bus kommen. In der Regel wählt er die U-Bahn. Die Fahrkarte kostet zwei Euro. Die Fahrt dauert ungefähr zwanzig Minuten. Der Zug fährt zuerst unter der Erde, dann überquert er den Fluss über eine Brücke.

In der Regel macht Jack sein Essen nicht selbst. In unserer Stadt sind Restaurants teuer, deshalb isst Jack normalerweise in einem Café. Er geht auch in den Supermarkt, um Lebensmittel zu kaufen.

Jack geht in die Selbstbedienungswäscherei, um seine Kleidung zu waschen. Jack hat keine Waschmaschine in seinem Zimmer. Er gibt schmutzige Kleidung in der Wäscherei ab.

sales à la laverie.

Jack aime la ville. Il a toujours voulu vivre dans une grande ville. La ville est belle. Elle est située sur la berge d'un fleuve. La ville a plusieurs lieux intéressantes. Beaucoup de touristes viennent ici.

Jack est malade. Il a un mal de dent. Il va à la clinique. Jack va chez le dentiste. Il a des assurances, alors il paie la moitié du coût du traitement. Après le traitement, Jack va mieux. Il va à l'université et se sent bien.

Jack se promène souvent dans la ville. Il va dans le parc. Il aime qu'il y a beaucoup de verdure dans cette ville. La ville est propre. La température est chaude. Jack va parfois à la plage sur le fleuve. Il nage bien. Il va aussi au cinéma, dans les musées et au théâtre avec ses amis. Jack aime cette ville. Jack aime aussi lire. Chaque semaine il va à la bibliothèque. Il aime les histoires de détective. Il lit des livres chaque jour. Jack n'a pas assez d'argent. Il veut trouver un emploi. Il va à l'agence pour l'emploi. Il veut travailler trois fois par semaine. Il reçoit une offre d'emploi comme consultant de supermarché. Jack accepte.

Jack mag die Stadt. Er wollte immer in einer Großstadt wohnen. Die Stadt ist schön. Sie liegt am Ufer eines Flusses. Die Stadt hat viele interessanten Orte. Viele Touristen kommen hierher.

Jack ist krank. Er hat Zahnschmerzen. Er geht in die Klinik. Jack geht zum Zahnarzt. Er hat eine Versicherung, deshalb bezahlt er nur die Hälfte der Kosten. Nach der Behandlung fühlt sich Jack besser. Er geht zur Universität und fühlt sich gut.

Jack spaziert oft durch die Stadt. Er geht in den Park. Er mag es, dass es in der Stadt viele Grünflächen gibt. Die Stadt ist sauber. Das Wetter ist warm. Manchmal geht Jack zum Strand am Fluss. Er schwimmt gut. Er geht auch ins Kino, zu Museen und in den Theater mit seinen Freunden. Jack mag diese Stadt. Er mag es auch zu lesen. Jede Woche geht er in die Bibliothek. Er mag Kriminalromane. Er liest jeden Tag durch. Jack hat nicht genug Geld. Er will eine Anstellung finden. Er geht zum Arbeitsamt. Er will dreimal pro Woche arbeiten. Er bekommt einen Vorschlag, als Berater in einem Supermarkt zu arbeiten. Jack nimmt die Arbeit an.

C

Questions et Réponses

- Jack est-il un étudiant de l'école secondaire ou de l'université?
- Jack est un étudiant à l'unviersité.
- Quel âge a-t-il?

Fragen und Antworten

- Ist Jack ein Schüler oder ein Student?
- Er ist Student.
- Wie alt ist er?
- Er ist neunzehn Jahre alt.

- Il a dix-neuf ans.
- Où étudie-t-il?
- Il étudie à l'Université de Technologie et de Design.
- Comment se rend-il à l'université?
- Il peut se rendre à l'université par autobus ou métro. Jack prend habituellement le métro.
- Combien cela coûte-t-il pour voyager par métro?
- Le trajet coûte deux euros.
- Pendant combien de temps prend-il le métro?
- Il prend le métro pendant environ vingt minutes.
- Le métro reste-t-il tout le temps dans le tunnel souterrain?
- Le métro roule d'abord sous terre, puis par le pont au-dessus du fleuve.
- Jack cuisine-t-il de la nourriture pour lui?
- Non, Jack ne prépare habituellement pas de nourriture pour lui.
- Où Jack mange-t-il habituellement?
- Jack mange habituellement dans un café.
- Pourquoi Jack ne mange-t-il pas dans un restaurant?
- Parce que les restaurants dans notre ville sont onéreux.
- Achète-t-il de la nourriture au supermarché?
- Oui, il va aussi au supermarché pour acheter de la nourriture.
- Où Jack lave-t-il ses vêtements?
- Jack lève ses vêtements au lavomatique.
- Jack aime-t-il cette ville?
- Oui, Jack a toujours voulu vivre dans une grande ville.
- La ville est-elle située dans les montagnes ou

- Wo studiert er?
- Er studiert an der Universität für Technologie und Design.
- Wie kommt er zur Universität?
- Er kann mit dem Bus oder mit der U-Bahn zur Universität fahren. In der Regel fährt er mit der U-Bahn.
- Wieviel kostet eine Fahrkarte für die U-Bahn?
- Die Karte kostet zwei Euro.
- Wie lang fährt er mit der U-Bahn?
- Die Fahrt dauert ungefähr zwanzig Minuten.
- Fährt der Zug die ganze Zeit durch den Tunnel?
- Er fährt zuerst unter der Erde, dann überquert er den Fluss über eine Brücke.
- Kocht sich Jack das Essen selbst?
- Nein, in der Regel macht er das Essen nicht selbst.
- Wo isst Jack in der Regel?
- In der Regel isst Jack in einem Café.
- Warum isst Jack nicht in einem Restaurant?
- Weil Restaurants in unserer Stadt teuer sind.
- Kauft Jack auch Lebensmittel in einem Supermarkt?
- Ja, er geht auch in den Supermarkt, um Lebensmittel zu kaufen.
- Wo wäscht Jack seine Kleidung?
- Jack wäscht seine Kleidung in der Selbstbedienungswäscherei.
- Mag Jack die Stadt?
- Ja, Jack wollte immer in einer Großstadt wohnen.
- Liegt die Stadt im Gebirge oder an einem Fluss?

près d'un fleuve?
- La ville est située sur les berges d'un fleuve.
- Y'a-t-il des touristes dans la ville?
- Oui, beaucoup de touristes viennent ici.
- Pourquoi Jack est-il malade?
- Il a un mal de dents.
- Va-t-il à la pharmacie ou à la clinique?
- Il va à la clinique. Jack va chez le docteur.
- Quel docteur Jack va-t-il voir?
- Jack va chez le dentiste.
- Est-ce onéreux pour Jack d'être traité par le dentiste?
- Il a des assurances, alors il paie la moitié du coût du traitement.
- Comment Jack se sent-il après le traitement?
- Jack va mieux. Il va à l'université et se sent bien.
- Jack aime-t-il marcher autour de la ville?
- Oui, Jack aime marcher autour de la ville souvent.
- Où Jack marche-t-il?
- Il se promène dans le parc. Il aime que dans sa ville il y a beaucoup de verdure.
- Jack nage-t-il?
- Oui, Jack nage bien. Il va parfois à la plage sur le fleuve.
- Où Jack va-t-il avec ses amis?
- Il va au cinéma, au musée et au théâtre.
- À quelle fréquence Jack va-t-il à la bibliothèque?
- Jack va à la bibliothèque chaque semaine.
- Quel type de livres aime-t-il?
- Il aime les histoires de détective. Il lit des livres chaque jour.
- Jack a-t-il beaucoup d'argent?
- Non, Jack n'a pas assez d'argent.

- Die Stadt liegt am Ufer eines Flusses.
- Gibt es Touristen in der Stadt?
- Ja, es gibt viele Touristen hier.
- Warum ist Jack krank?
- Er hat Zahnschmerzen.
- Geht er in die Apotheke oder in die Klinik?
- Er geht in die Klinik. Er geht zu einem Arzt.
- Zu welchem Arzt geht Jack?
- Jack geht zu einem Zahnarzt.
- Kostet die Behandlung beim Zahnarzt viel?
- Jack hat eine Versicherung, deshalb bezahlt er nur die Hälfte der Kosten.
- Wie fühlt sich Jack nach der Behandlung?
- Jack fühlt sich besser. Er fährt zur Universität und fühlt sich besser.
- Mag es Jack, durch die Stadt zu spazieren?
- Ja, Jack spaziert sehr oft durch die Stadt.
- Wohin geht Jack?
- Jack geht in den Park. Er mag es, dass es in der Stadt viele Grünflächen gibt.
- Kann Jack schwimmen?
- Ja, Jack schwimmt gut. Manchmal geht er zum Strand am Fluss.
- Wohin geht Jack mit seinen Freunden?
- Er geht ins Kino, zu Museen und in das Theater.
- Wie oft geht Jack in die Bibliothek?
- Jack geht jede Woche in die Bibliothek.
- Welche Bücher mag er?
- Er mag Kriminalromane. Er liest jeden Tag Bücher.
- Hat Jack viel Geld?
- Nein, er hat nicht genug Geld.
- Wo sucht Jack eine Arbeit?
- Er geht zum Arbeitsamt.
- Wie viele Tage pro Woche kann Jack

- Où Jack cherche-t-il pour un emploi?
- Il va à l'agence pour l''emploi.
- Combien de jours par semaine Jack peut-il travailler?
- Il veut travailler trois fois par semaine.
- Quel type d'emploi reçoit-il?
- Il reçoit une offre pour un emploi comme consultant de supermarché.
- Jack accepte-t-il ou refuse-t-il l'offre?
- Jack accepte l'offre.

arbeiten?
- Er will dreimal pro Woche arbeiten.
- Was für einen Arbeitsvorschlag bekommt er?
- Er bekommt einen Vorschlag, als Berater im Supermarkt zu arbeiten.
- Nimmt er den Vorschlag an oder lehnt er ihn ab?
- Er nimmt den Vorschlag an.

12

Briser la glace

Brich das Eis

C'est l'hiver. Il neige et ça glisse dehors. Un père rentre du travail.

« Le temps est affreux ! Ça glisse beaucoup. Je suis tombé deux fois », dit-il à la mère. Son pantalon est humide à plusieurs endroits. Le père est mécontent. A cet instant, son fils rentre de l'école.

« C'est trop bien dehors ! », crie le fils joyeusement. « Ça glisse beaucoup. Je suis tombé deux fois ! » Le fils est très content.

Es ist Winter. Draußen ist es verschneit und rutschig. Der Vater kommt von der Arbeit nach Hause.

„Das Wetter ist schrecklich! Es ist sehr rutschig. Ich bin zweimal gestürzt", sagt er zu der Mutter. Seine Hose hat mehrere nasse Flecken. Der Vater ist unglücklich. In diesem Moment kommt der kleine Sohn von der Schule nach Hause.

„Es ist so toll draußen!" schreit der Sohn glücklich. „Es ist sehr rutschig. Ich bin zweimal gestürzt!" Der Sohn ist sehr glücklich.

Jack veut trouver un nouvel appartement

Jack will eine neue Wohnung finden

 A

Mots

Vokabeln

1. à l'intérieur - innen, drinnen
2. accompagner - begleiten
3. adresse - die Adresse
4. agent(m), agente(f) - der Vertreter, der Agent
5. aller en haut, monter - steigen
6. annonce - die Anzeige
7. appartement - die Unterkunft, die Wohnung
8. approcher - herangehen, sich nähern
9. arranger, prendre un rendez-vous - sich verabreden
10. ascenseur - der Aufzug
11. banque - die Bank
12. bouger, déménager - umziehen
13. bruyant(m), bruyante(f) - laut
14. cage d'escalier - das Treppenhaus
15. calm, calmement - ruhig
16. central - zentral
17. choisir - wählen
18. cogner - klopfen
19. comme ceci, alors - so
20. convenable - geeignet, passend
21. cuir - das Leder
22. décider - entscheiden
23. décision - der Entschluss, die Entscheidung
24. dehors, à l'extérieur - draußen
25. deuxième - zweiter
26. dire - sagen
27. direction - die Richtung
28. enfant - das Kind
29. entrer en contact - einen Vertrag schließen

30. étage - die Etage
31. expliquer - erklären
32. haut(m), haute(f) - hoch
33. indiqué(m), indiquée(f) - angezeigt
34. indiquer - anzeigen, andeuten
35. inviter - einladen
36. journal - die Zeitung
37. kiosque - der Kiosk
38. le long de - entlang
39. lit - das Bett
40. livre - das Buch
41. long, longtemps - lange
42. lumineux(m), lumineuse(f) - hell
43. meubles, ameublement - die Möbel
44. mois - der Monat
45. ordinateur portable - der Laptop
46. pas grand(m), pas grande(f) - nicht groß
47. passer(du temps) - verbringen (Zeit)
48. penser - denken
49. période - die Periode
50. premièrement - erster
51. prix - der Preis
52. propriétaire - der Wirt
53. que, cet(m), cette(f) - jene(r/s)
54. quelqu'un(m), quelqu'une(f) - jemand
55. refuser - ablehnen
56. rencontrer - treffen
57. répondre - antworten
58. retourner - zurückkehren
59. samedi - der Samstag
60. silencieusement - still, leise
61. silencieux(m), silencieuse(f) - still
62. sonnette, sonner - die Klingel
63. tout de suite - sofort, auf der Stelle
64. trois cent - dreihundert
65. troisième - dritter
66. trottoir - der Bürgersteig, der Fußweg
67. trouver - finden

B

Aujourd'hui, c’est samedi. Vivre dans un hôtel pour une longue période est onéreux. Jack veut trouver un appartement dans lequel vivre. Il achète un journal dans un kiosque. Il y a plusieurs publicités dans le journal. Jack va dans un café et s'assoit à une table. Il commande un café. Il est assis dans un café et regarde le journal. Il trouve quelques appartements convenables dans le journal. Leurs prix sont bas. Jack veut aussi que l'appartement soit près de son université. Il choisit trois appartements. Jack veut les voir aujourd'hui. Il appelle les numéros de

Heute ist Samstag. Es ist teuer, lange in einem Hotel zu bleiben. Jack will eine neue Wohnung finden. Er kauft eine Zeitung am Kiosk. In der Zeitung gibt es viele Anzeigen. Jack geht in ein Café und setzt sich an einen Tisch. Er bestellt Kaffee. Er sitzt im Café und liest die Zeitung. Er findet einige passenden Wohnungen in der Zeitung. Ihre Preise sind niedrig. Jack will auch, dass sich die Wohnung in der Nähe der Universität befindet. Er wählt drei Wohnungen. Jack will sie noch heute sehen. Er ruft die Telefonnummer an, die in den Anzeigen angegeben sind. Die erste Nummer antwortet

téléphone écrits dans les annonces. Le premier numéro ne répond pas. Puis il appelle un autre numéro. Une femme répond. Son nom est Charlotte. Elle est agente immobilière. Il organise une rencontre. Jack aime que la maison soit dans le centre de la ville. Il monte dans l'autobus et va à la maison. Quand Jack arrive, il voit une grande maison. Elle est située dans le pâté central. Il y a beaucoup de voitures et de gens. Jack n'a pas aimé le fait que ce soit si bruyant. Il n'a aussi pas aimé la maison de l'extérieur. Elle avait l'air vieille. Jack entre dans la maison. L'appartement est au second étage. Il frappe à la porte. Une femme ouvre la porte. C'est Charlotte. Elle invite Jack à voir l’appartement. Il entre. L'appartement est spacieux, mais vieux. Il y a de grandes fenêtres. Elles sont en bois. Le salon a une grande TV et un sofa. Jack va dans la chambre à coucher. Elle a un grand lit. Dans le coin de la pièce il y a une table. Jack n'a pas aimé le fait que l'appartement est sombre et a peu de meubles. Il a l'air vide. Jack dit à Charlotte qu'il veut voir un autre appartement aujourd'hui et se décider. Charlotte demande à Jack d'appeler dans la soirée et d'annoncer sa décision. Jack quitte la maison. Il appelle un autre numéro. Un homme loue un appartement tout près. L'homme s'appelle Mike. Il explique comment se rendre à la maison. Jack connait cet endroit. Il va à la station de métro. Cet appartement est situé près d'un parc. Jack monte dans un wagon de métro. Il prend le métro pendant environ dix minutes. Il sort du métro et marche sur le trottoir le long de la route. Il ne trouve pas la

nicht. Dann ruft er die zweite Nummer. Eine Frau antwortet. Sie heißt Charlotte. Sie ist eine Immobilienagentin. Er verabredet sich mit ihr. Jack findet es gut, dass die Wohnung sich im Zentrum der Stadt befindet. Er steigt in einen Bus ein und fährt zu diesem Haus. Als Jack ankommt, sieht er ein hohes Haus. Es befindet sich am Zentralplatz. Es gibt viele Leute und Autos. Jack findet es nicht gut, dass es hier so laut ist. Das Haus gefällt ihm auch von außen nicht so gut. Es sieht alt aus. Jack geht hinein. Die Wohnung befindet sich in der zweiten Etage. Er klopft an die Tür. Eine Frau öffnet die Tür. Das ist Charlotte. Sie lädt Jack ein, sich die Wohnung anzusehen. Er kommt hinein. Die Wohnung ist geräumig, aber alt. Es gibt große Fenster. Sie sind hölzern. Im Wohnzimmer gibt es einen großen Fernseher und ein Sofa. Jack geht in das Schlafzimmer hinein. Es hat ein großes Bett. In der Ecke des Zimmers gibt es einen Tisch. Jack mag es nicht, dass die Wohnung dunkel ist und wenige Möbel hat. Sie sieht leer aus. Jack sagt Charlotte, dass er heute noch eine Wohnung ansehen will und dann entscheiden. Charlotte bittet ihn, am Abend anzurufen und ihr die Entscheidung mitzuteilen. Jack verlässt das Haus. Er ruft noch eine Nummer an. Ein Mann vermietet eine Wohnung in der Nähe. Er heißt Mike. Er erklärt, wie man sein Haus findet. Jack kennt dieses Ort. Er geht zur U-Bahn-Station. Die Wohnung befindet sich neben einem Park. Jack steigt in den Wagen ein. Die Fahrt dauert ungefähr zehn Minuten. Er geht draußen und dann auf den Bürgersteig dem Weg entlang. Er kann das Haus nicht finden, aber er hat die

maison, mais il a l'adresse. Il va vers une femme avec un enfant. La femme connait cette maison. Elle vit là. Elle montre à Jack dans quelle direction aller. La maison est située près de la banque. Jack arrive à la maison. Il aime beaucoup que la maison est située près d'un parc. C'est silencieux et tranquille autour de la maison. Près de la maison, il y a un jardin. Il y a beaucoup de fleurs là. L'appartement de Mike est au troisième étage.

Adresse. Er geht zu einer Frau mit einem Kind. Er fragt, wie man das Haus finden kann. Die Frau kennt das Haus. Sie wohnt dort. Sie zeigt Jack die Richtung, die er wählen soll. Das Haus befindet sich neben einer Bank. Jack geht hinein. Es gefällt ihm sehr, dass sich das Haus neben einem Park befindet. Es ist still und ruhig rund um das Haus. Neben dem Haus gibt es einen Garten. Es gibt dort viele Blumen. Mikes Wohnung ist in der dritten Etage.

Jack va dans l'ascenseur. Il va au troisième étage. Jack sort de l'ascenseur. Il sonne. Un homme ouvre la porte. C'est Mike. Il accompagne Jack à l'intérieur. C'est lumineux et confortable à l'intérieur. Il y a des meubles neufs dans l'appartement. La pièce a un téléviseur grand écran. Il est neuf. Dans le coin de la pièce, il y a un lit. Jack voit une bibliothèque dans la pièce. Il y a beaucoup de livres dans la bibliothèque. Au centre de la pièce, il y a une table. Il y a un gros fauteuil au côté de la table. Il est en cuir. Jack pense à mettre son ordinateur portable là. Il aime la maison. Il dit à Mike qu'il veut vivre dans cette maison. Il va payer Mike trois cent euros par mois. Ils établissent un contrat. Jack doit payer pour deux mois directement. Il transporte tous ses biens personnels hors de l'hôtel le même jour.

Jack geht zum Aufzug. Er fährt auf die dritte Etage. Jack geht aus dem Aufzug hinaus. Er benutzt die Klingel. Ein Mann öffnet die Tür. Das ist Mike. Er begleitet Jack in die Wohnung. Drinnen ist es hell und bequem. Es gibt neue Möbel in der Wohnung. Im Zimmer gibt es einen Großbildfernseher. Er ist neu. In der Zimmerecke gibt ein Bett. Im Zimmer sieht Jack ein Bücherregal. Es gibt viele Bücher im Bücherregal. In der Mitte des Zimmers gibt es einen Tisch. Neben dem Tisch gibt es einen Sessel. Er ist ledern. Jack denkt daran, seinen Laptop dorthin zu stellen. Das Haus gefällt ihm. Er sagt Mike, dass er hier wohnen will. Er soll Mike dreihundert Euro pro Monat bezahlen. Sie schließen einen Vertrag. Jack muss für zwei Monaten sofort bezahlen. Er bringt am selben Tag alle seinen Sachen aus dem Hotel.

 C

Questions et Réponses

- Quel jour c'est aujourd'hui?
- Aujourd'hui, c’est samedi.

Fragen und Antworten

- Was für ein Tag ist heute?
- Es ist Samstag.

- Pourquoi Jack veut-il trouver un appartement pour vivre?
- Parce que vivre à l'hôtel longtemps est onéreux.
- Qu'achète Jack à un kiosque?
- À un kiosque, Jack achète un journal avec des annonces.
- Jack retourne-t-il à l'hôtel, ou va-t-il à un café?
- Jack entre dans un café et s'assoit à la table.
- Commande-t-il une crème glacée ou un café?
- Il commande un café.
- Qu'est-ce que Jack fait dans le café?
- Il est assis et il lit le journal.
- Trouve-t-il des annonces pour des appartements peu coûteux?
- Oui, il trouve des annonces pour quelques appartements convenables dans le journal.
- Où les appartements doivent-ils être?
- Jack veut que l'appartement soit près de son université.
- Jack choisit-il un appartement?
- Oui, il choisit trois appartements et veut les voir aujourd'hui.
- Avec qui Jack planifie-t-il une rencontre?
- Une agente immobilière. Son nom est Charlotte.
- Pourquoi Jack choisit-il cette maison?
- Jack aime que la maison soit au centre de la ville.
- Jack va-t-il à la maison à pied ou par autobus?
- Il monte dans l'autobus et roule jusqu'à la maison.
- Où est la maison?
- Elle est située dans la place centrale.
- La maison est-elle située dans une place tranquille ou bruyante?

- Warum will Jack eine Wohnung finden?
-Weil es teuer ist, eine lange Zeit im Hotel zu bleiben.
- Was kauft Jack am Kiosk?
- Am Kiosk kauft Jack eine Zeitung mit Anzeigen.
- Geht Jack zurück zum Hotel oder in ein Café?
- Jack geht in ein Café und setzt sich an den Tisch.
- Bestellt er Eis oder Kaffee?
- Er bestellt Kaffee.
- Was macht Jack im Café?
- Er sitzt und liest die Zeitung.
- Findet er Anzeigen für billige Wohnungen?
- Ja, er findet Anzeigen für einige passenden Wohnungen in der Zeitung.
- Wo soll sich die Wohnung befinden?
- Jack will eine Wohnung in der Nähe seiner Universität finden.
- Wählt Jack eine Wohnung?
- Ja, er wählt drei Wohnungen und will sie heute ansehen.
- Mit wem verabredet sich Jack?
- Mit einer Immobilienagentin. Sie heißt Charlotte.
- Warum wählt Jack diese Wohnung?
- Es gefällt ihm, dass sich die Wohnung im Stadtzentrum befindet.
- Kommt Jack zu diesem Haus zu Fuß oder mit dem Bus?
- Jack steigt in den Bus ein und fährt zu diesem Haus.
- Wo ist das Haus?
- Es befindet sich am Zentralplatz.
- Liegt das Haus in einem ruhigen oder lauten Ort?

- Il y a beaucoup de voitures et de gens. Jack n'aime pas le fait que ce soit si bruyant là-bas.
- Jack a-t-il aimé la maison?
- Non, Jack n'aime pas la maison de l'extérieur. Elle a l'air vieille.
- À quel étage est l'appartement?
- L'appartement est au deuxième étage.
- Qui ouvre la porte?
- Charlotte ouvre la porte.
- L'appartement est-il neuf ou vieux?
- L'appartement est spacieux, mais vieux.
- Les fenêtres de l'appartement sont-elles petites ou grandes?
- Les fenêtres sont grandes. Elles sont en bois.
- Qu'y a-t-il dans le salon?
- Le salon a un grand téléviseur et un sofa.
- Le lit dans la chambre à coucher est-il grand?
- Oui, la chambre a un grand lit.
- Y'a-t-il une table dans la pièce?
- La table est dans le coin de la pièce.
- Jack aime-t-il l'appartement?
- Non, pas beaucoup. L'appartement est sombre et il y a peu de meubles.
- Jack rejette-t-il l'appartement?
- Non, il dit à Charlotte qu'il veut voir un autre appartement aujourd'hui et se décider.
- Jack regarde-t-il plus d'appartements?
- Oui, il appelle un autre numéro.
- Quel est le nom du propriétaire?
- L'homme s'appelle Mike.
- Jack sait-il comment se rendre à la maison?
- Oui, il va à la station de métro. Cet appartement est situé près du parc.
- Pendant combien de temps Jack est-il en métro?
- Il prend le métro pendant environ dix

- Es gibt viele Autos und Leute. Jack mag es nicht, dass es hier so laut ist.
- Gefiel ihm das Haus?
- Nein, von außen gefällt ihm das Haus nicht. Es sieht alt aus.
- In welcher Etage liegt die Wohnung?
- Die Wohnung liegt in der zweiten Etage.
- Wer öffnet die Tür?
- Charlotte öffnet die Tür.
- Ist die Wohnung neu oder alt?
- Die Wohnung ist geräumig, aber alt.
- Sind die Fenster in der Wohnung klein oder groß?
- Die Fenster sind groß. Sie sind hölzern.
- Was gibt es im Wohnzimmer?
- Das Wohnzimmer hat einen großen Fernseher und ein Sofa.
- Ist das Bett im Schlafzimmer groß?
- Ja, das Schlafzimmer hat ein großes Bett.
- Gibt es einen Tisch im Zimmer?
- Ja, ein Tisch ist in der Ecke.
- Gefällt Jack die Wohnung?
- Nicht sehr. Die Wohnung ist dunkel und es gibt wenige Möbel.
- Lehnt Jack die Wohnung ab?
- Nein, er sagt Charlotte, dass er noch eine Wohnung heute ansehen will und sich dann entschließen.
- Besucht Jack noch andere Wohnungen?
- Ja, er ruft noch eine Nummer an.
- Wie heißt der Vermieter?
- Er heißt Mike.
- Weiß Jack, wie man zu diesem Haus fährt?
- Ja, er geht zu einer U-Bahn-Station. Die Wohnung befindet sich in der Nähe eines Parks.

minutes.
- Trouve-t-il immédiatement la maison?
- Non, il ne peut pas trouver la maison, mais il a une adresse.
- Peut-il demander à quelqu'un?
- Oui, il passe une femme avec un enfant.
- Que lui demande Jack?
- Il lui demande comment aller à la maison.
- La femme connait-elle cette maison?
- Oui, elle vit là. Elle montre à Jack dans quelle direction aller.
- Où est la maison?
- La maison est située derrière la banque.
- Jack aime-t-il la maison?
- Oui, il aime que la maison soit située près du parc.
- La maison est-elle située dans une place silencieuse?
- Oui c'est silencieux et tranquille autour de la maison.
- À quel étage est l'appartement de Mike?
- L'appartement de Mike est au troisième étage.
- Jack prend-il l'escalier?
- Non, Jack monte dans l'ascenseur. Il va au troisième étage.
- Jack sonne-t-il ou frappe-t-il à la porte?
- Il sonne.
- Les meubles de l'appartement sont-ils neufs ou vieux?
- Les meubles de l'appartement son neufs.
- Y'a-t-il un téléviseur dans la pièce?
- Oui, il y a un grand téléviseur. Il est neuf.
- Où est le lit dans la pièce?
- Le lit est dans le coin de la pièce.
- Quels meubles y'a-t-il dans la pièce?
- Il y a une grande bibliothèque dans le salon,

- Wie lange fährt Jack mit der U-Bahn?
- Er fährt mit der U-Bahn ungefähr zehn Minuten lang.
- Findet er das Haus sofort?
- Nein, er kann das Haus nicht finden, aber er hat die Adresse.
- Kann er jemanden fragen?
- Ja, er fragt eine Frau mit einem Kind.
- Wonach fragt Jack die Frau?
- Er fragt, wie man das Haus finden kann.
- Kennt die Frau dieses Haus?
- Ja, sie wohnt dort. Sie zeigt Jack die Richtung.
- Wo ist das Haus?
- Es ist hinter einer Bank.
- Gefällt Jack das Haus?
- Ja, es gefällt ihm, dass sich das Haus neben dem Park befindet.
- Befindet sich das Haus in einem ruhigen Ort?
- Ja, es ist still und ruhig rund um das Haus.
- In welcher Etage befindet sich Mikes Wohnung?
- Die Wohnung ist in der dritten Etage.
- Geht Jack treppauf?
- Nein, er fährt mit dem Aufzug. Er fährt zur dritten Etage.
- Klopft Jack an die Tür oder klingelt er?
- Er klingelt.
- Sind die Möbel in der Wohnung neu oder alt?
- Die Möbel in der Wohnung sind neu.
- Gibt es einen Fernseher im Zimmer?
- Ja, es gibt einen Großbildfernseher. Er ist neu.
- Wo ist das Bett in diesem Zimmer?
- Das Bett ist in der Zimmerecke.
- Welche Möbel gibt es im Zimmer?
- Es gibt ein großes Buchregal, in der Mitte

au centre il y a une table, et au côté de la table il y a un gros fauteuil de cuir.

- Jack aime-t-il l'appartement?
- Oui, il dit à Mike qu'il veut vivre dans cette maison.
- Combien Jack va payer pour l'appartement?
- Il va payer Mike trois cent euros par mois.
- Que conclut Jack avec Mike?
- Ils établissent un contrat.
- Pour quelle période Jack doit-il payer immédiatement?
- Jack doit payer pour deux mois directement.
- Quand déménage-t-il de l'hôtel à l'appartement?
- Le même jour, il transporte tous ses biens personnels hors de l'hôtel.

gibt es einen Tisch und neben dem Tisch gibt es einen großen ledernen Sessel.

- Gefällt Jack die Wohnung?
- Ja, er sagt Mike, dass er hier wohnen will.
- Wieviel soll Jack für die Wohnung bezahlen?
- Er soll Mike dreihundert Euro pro Monat bezahlen.
- Was beschließt Jack mit Mike?
- Sie schließen einen Vertrag.
- Für welche Periode muss Jack sofort bezahlen?
- Er muss für zwei Monaten sofort bezahlen.
- Wann zieht Jack vom Hotel um?
- Am gleichen Tag bringt er alle seinen Sachen aus dem Hotel.

13

Briser la glace

Brich das Eis

Le petit Léon est sur le terrain de jeux avec son père. Il joue avec ses amis.
« Papa, je peux mettre des sous vêtements sur mes vêtements ? », demande-t-il à son père.
« Pourquoi ? », demande le père au fils.
« Je serai Superman ! »
« Ok. Mais on le fera à la maison », dit le père.
« Je serai superman ! », crie joyeusement Léon à ses amis.

Der kleine Leon ist mit seinem Vater auf dem Spielplatz. Er spielt mit seinen Freunden.
„Papa, darf ich meine Unterhose über die Hose anziehen?" fragt er seinen Vater.
„Warum?" fragt der Vater den Sohn.
„Ich werde Superman sein!"
„Okay. Aber lass es uns zu Hause machen", sagt der Vater.
„Ich werde ein Superman sein!" schreit Leon glücklich zu seinen Freunden.

Au magasin

Im Geschäft

A

Mots

Vokabeln

1. allée (de magasin) - die Abteilung
2. ananas - die Ananas
3. balances - die Waage
4. banane - die Banane
5. bien aller, avec succès - gelingen
6. boîte - die Schachtel, die Kiste
7. boulevard - der Boulevard
8. bouteille - die Flasche
9. briller - leuchten, scheinen
10. brioche - das Brötchen
11. caisse, caisse enregistreuse - die Kasse
12. carotte - die Karotte
13. champignon - der Pilz
14. chips - die Chips
15. chou - der Kohl
16. citron - die Zitrone
17. concombre - die Gurke
18. conduire, transporter - fahren
19. crème aigre, crème sure - die Sahne
20. cru(m), crue(f) - roh
21. décider - entscheiden
22. différent(m), différente(f), varié(m), variée(f) - verschieden
23. dimanche - der Sonntag
24. entrée - der Eingang
25. étalage, étaler - auslegen
26. être vendu(m), être vendue(f) - verkauft werden

27. file, queue - die Schlange
28. fraise - die Erdbeere
29. fruit - das Obst
30. jus - der Saft
31. légume - das Gemüse
32. litre - der Liter
33. manger - essen
34. nécessaire - nötig
35. occupé(m), occupée(f) - beschäftigt
36. oeuf - das Ei
37. orange - die Orange
38. paquet, emballage - das Päckchen
39. pâte, macaroni - die Nudeln
40. payer - bezahlen
41. pêche - der Pfirsich
42. peser - wiegen
43. pièce, morceau - das Stück
44. plastique - das Polyethylen, das Plastik, der Kunststoff
45. pluie - der Regen
46. portefeuille, porte-monnaie - die Geldtasche, das Portmonee
47. poulet - die Hühner
48. prendre, conduire, transporter - fahren
49. présentoir - der Stand
50. prêt(m), prête(f), préparé(m), préparée(f) - fertig
51. produit laitier, lait - die Milch
52. raisin(s) - die Traube(n)
53. reçu - die Rechnung
54. riz - der Reis
55. sachet - das Paket
56. saucisse - die Wurst
57. scanner - kassieren
58. se lever - aufstehen
59. seulement, juste - nur
60. soleil - die Sonne
61. tête - gehen
62. tiroir, boîte - die Schublade
63. tomate - die Tomate
64. travailler - funktionieren
65. viande - das Fleisch
66. wagon, chariot - der Wagen

B

Aujourd'hui, c'est dimanche. Jack a beaucoup de temps libre. Il décide d'aller au magasin. Il est dix heures du matin. Jack se lève du lit. Il brosse ses dents, s'habille et va prendre le petit-déjeuner. Il veut acheter de la nourriture pour une semaine, alors il va au supermarché. Il y a un supermarché tout près. Jack quitte la maison. Il marche le long du boulevard. Dehors, la température est bonne. Le soleil brille. Beaucoup de gens marchent le long du

Heute ist Sonntag. Jack hat viel Freizeit. Er entscheidet sich, ins Geschäft zu gehen. Es ist zehn Uhr morgens. Jack steht auf. Er putzt seine Zähne, kleidet sich an und geht in die Küche, um zu frühstücken. Er will Lebensmittel für die Woche kaufen, also geht er in den Supermarkt. Der Supermarkt liegt in der Nähe. Jack geht draußen. Er geht dem Boulevard entlang. Draußen ist das Wetter gut. Die Sonne scheint. Viele Leute spazieren auf dem

boulevard. Jack continue. Le supermarché est déjà proche. Il rentre. Jack prend un chariot. Il va dans le magasin et choisit de la nourriture. Jack est dans l'allée des produits. Il y a des bananes, des pommes, des oranges, des ananas, des pêches, des fraises et des raisins. Jack a besoin de citrons. Il prend un sac de plastique et met des citrons dedans. Jack en prend trois. Il prend aussi un autre sac de plastique et met des pommes dedans. Il en prend cinq. Il met les sacs dans le chariot. Jack amène le chariot aux balances et pèse les fruits. Jack continue. Il est dans le rayon des légumes. Il y a des carottes, des tomates, des champignons, des concombres, des choux et d'autres légumes. Ils sont dans des boîtes. Jack veut prendre des tomates et des concombres. Il prend les légumes et les pèse. Puis Jack va au rayon de la viande. Il veut prendre un morceau de saucisse. Jack choisit une saucisse. Il y a aussi du poisson, du poulet cru ou prêt, des saucisses et d'autres produits de viande. Jack continue. Il prend un carton d'œufs. Près du rayon de la viande, il prend un paquet de sucre. Il prend aussi un paquet de pâtes et un paquet de riz. Dans le rayon des produits laitiers, Jack prend un carton de lait et une boîte de crème aigre. Dans le rayon boulangerie, il y a beaucoup de brioches et de pains différents. Jack prend une miche de pain et deux brioches sucrées. Il prend aussi une petite boîte de biscuits. Jack va à la caisse. Sur le chemin il prend deux bouteilles de jus d'orange. Il y a un litre de jus dans une bouteille. Jack aime aussi les chips. Il en prend deux sachets. Il pousse le charriot avec les

Boulevard. Jack geht weiter. Der Supermarkt ist schon nah. Er kommt ein. Jack nimmt einen Einkaufwagen. Er geht ins Geschäft und wählt Produkte. Jack ist in der Obstabteilung. Es gibt hier Bananen, Äpfel, Orangen, Ananasse, Pfirsiche, Erdbeeren und Trauben. Jack braucht Zitronen. Er nimmt eine Kunststofftüte und legt die Zitronen hinein. Jack nimmt drei. Er nimmt noch eine Kunststofftüte und legt dort die Äpfel hinein. Er nimmt fünf. Er legt die Tüten in den Wagen. Jack geht zu der Waage und wiegt das Obst. Er geht weiter. Er ist in der Gemüseabteilung. Es gibt hier Karotten, Tomaten, Pilze, Gurken, Kohl und noch mehr Gemüse. Sie liegen in Kisten. Jack will einige Tomaten und Gurken nehmen. Er nimmt das Gemüse und wiegt es. Dann geht Jack zur Fleischabteilung. Er will ein Stück Wurst nehmen. Jack wählt eine Wurst. Es gibt auch Fisch, rohe und fertige Hühnchen, Würste und andere Fleischprodukte. Jack geht weiter. Er nimmt ein Paket Eier. In der Nähe der Fleischabteilung nimmt er auch ein Paket Zucker. Er nimmt auch ein Paket Nudeln und ein Paket Reis. In der Milchabteilung nimmt Jack einen Karton Milch und einen Becher Sahne. In der Backwarenabteilung gibt es viele verschiedene Brötchen und Brote. Jack nimmt ein Brot und zwei süße Brötchen. Er nimmt auch ein kleines Paket Kekse. Jack geht zur Kasse. Auf dem Weg nimmt er noch zwei Flaschen Orangensaft mit. Es gibt einen Liter Saft in einer Flasche. Jack liebt auch Chips. Er kauft zwei Päckchen. Er geht mit dem Einkaufswagen zur Kasse. Es gibt eine lange Schlange zur Kasse. Jack steht in der Schlange.

produits à la caisse. Il y a une longue file à la caisse. Jack se met dans la file. Jack met la nourriture sur le comptoir. Le caissier scanne la nourriture. Jack veut payer par carte de crédit. Il donne au caissier sa carte de crédit. Le caissier passe sa carte, mais ça ne fonctionne pas. Le caissier demande à Jack de payer en argent comptant. Jack a un peu d'argent dans son portefeuille. C'est assez. Jack paie le caissier. Le caissier lui donne un reçu. Jack quitte le magasin.

Jack stellt die Lebensmittel auf den Ladentisch. Der Kassierer scannt die Produkte. Jack will mit der Kreditkarte zahlen. Er gibt dem Kassierer seine Kreditkarte. Der Kassierer steckt die Karte in die Maschine, aber die Karte funktioniert nicht. Der Kassierer bittet Jack, mit Bargeld zu bezahlen. Jack hat etwas Geld in seinem Portmonee. Es reicht. Jack bezahlt dem Kassierer. Der Kassierer gibt ihm eine Rechnung. Jack verlässt das Geschäft.

C

Questions et Réponses

- Quel jour est-on aujourd'hui?
- Aujourd'hui, c'est dimanche.
- Jack est-il occupé aujourd'hui?
- Non, Jack a beaucoup de temps libre.
- Où Jack va-t-il aujourd'hui?
- Il décide d'aller au magasin.
- Quelle heure est-il?
- Il est dix heures du matin.
- Pourquoi Jack va-t-il au supermarché?
- Il veut acheter de la nourriture pour la semaine.
- Pleut-il dehors?
- Non, la température est bonne dehors. Le soleil brille.
- Y'a-t-il des gens qui marchent le long du boulevard?
- Oui, beaucoup de gens marchent le long du boulevard.
- Que prend Jack à l'entrée du supermarché?
- Jack prend un chariot.
- Que vend-on dans le rayon des fruits?
- Il y a des bananes, des pommes, des oranges,

Fragen und Antworten

- Welcher Wochentag ist heute?
- Heute ist Sonntag.
- Ist Jack heute sehr beschäftigt?
- Nein, Jack hat viel Freizeit.
- Wohin geht Jack heute?
- Er entscheidet sich, ins Geschäft zu gehen.
- Wie spät ist es?
- Es ist zehn Uhr morgens.
- Warum geht Jack in den Supermarkt?
- Er will Lebensmittel für die Woche kaufen.
- Regnet es draußen?
- Nein, draußen ist das Wetter gut. Die Sonne scheint.
- Spazieren Leute auf dem Boulevard?
- Ja, viele Leute spazieren auf dem Boulevard.
- Was nimmt Jack am Supermarkteingang mit?
- Er nimmt einen Einkaufswagen mit.
- Was wird in der Obstabteilung verkauft?
- Es gibt Bananen, Äpfel, Orangen, Ananasse,

des ananas, des pêches, des fraises et des raisins.
- De quoi Jack a-t-il besoin dans ce rayon?
- Jack a besoin de citrons.
- Combien de citrons met-il dans un sac de plastique?
- Il en met trois.
- Quoi d'autre Jack prend-il?
- Il prend un autre sac de plastique et met des pommes dedans.
- Combien de pommes Jack prend-il?
- Il en prend cinq.
- Où Jack pèse-t-il les fruits?
- Jack pèse les fruits sur la balance.
- Qu'y a-t-il dans le rayon des légumes?
- Il y a des carottes, des tomates, des champignons, des concombres, des choux et d'autres légumes.
- Où sont les légumes?
- Ils sont dans des boîtes.
- Quels sont les légumes dont Jack a besoin?
- Jack veut prendre quelques tomates et concombres.
- Jack prend-il les légumes et va-t-il plus loin?
- Non, il prend les légumes et les pèse.
- Jack veut-il prendre un morceau de saucisse dans la section de la viande?
- Oui, Jack choisit de la saucisse.
- Quels autres produits Jack prend-il?
- Il prend un carton d'œufs, un paquet de sucre, un paquet de pâtes et un paquet de riz.
- Jack mange-t-il des produits laitiers?
- Oui, Jack prend un carton de lait et une boîte de crème aigre dans le rayon des produits laitiers.
- Y'a-t-il un bon rayon boulangerie au supermarché?
- Oui, il y a beaucoup de brioches et de pains

Pfirsiche, Erdbeeren und Trauben.
- Was braucht Jack in dieser Abteilung?
- Er braucht Zitronen.
- Wie viele Zitronen legt er in die Kunststofftüte?
- Er nimmt drei.
- Was nimmt Jack noch?
- Er nimmt noch eine Kunststofftüte und legt Äpfel dort.
- Wie viele Äpfel nimmt Jack?
- Er nimmt fünf.
- Wo wiegt Jack das Obst?
- Er wiegt das Obst auf der Waage.
- Was gibt es in der Gemüseabteilung?
- Es gibt Karotten, Tomaten, Pilze, Gurken, Kohl und noch mehr Gemüse.
- Wo liegt das Gemüse?
- Es liegt in Kisten.
- Was für Gemüse braucht Jack?
- Jack will einige Tomaten und Gurken nehmen.
- Nimmt Jack das Gemüse und geht weiter?
- Nein, er nimmt das Gemüse und wiegt es.
- Will Jack ein Stück Wurst in der Fleischabteilung nehmen?
- Ja, Jack wählt die Wurst.
- Welche Produkte nimmt Jack noch?
- Er nimmt einen Karton Eier, ein Paket Zucker, ein Paket Nudeln und ein Paket Reis.
- Isst Jack Milchprodukte?
- Ja, Jack nimmt einen Karton Milch und einen Becher Sahne in der Milchabteilung.
- Gibt es eine gute Backwarenabteilung im Supermarkt?
- Ja, in der Backwarenabteilung gibt es viele verschiedene Brötchen und Brote.

différents dans le rayon boulangerie.
- Jack achète-t-il seulement du pain ou des brioches aussi?
- Jack prend une miche de pain et deux brioches sucrées.
- Aime-t-il les biscuits?
- Oui, il prend une petite boîte de biscuits.
- Quoi d'autre Jack prend-il en chemin vers la caisse?
- En chemin vers la caisse, il prend deux bouteilles de jus.
- Quelle sorte de jus Jack achète-t-il?
- Du jus d'orange.
- Combien de jus y'a-t-il dans une bouteille?
- Il y a un litre de jus dans une bouteille.
- Jack aime-t-il les chips?
- Oui, Jack aime les chips. Il prend deux sachets.
- Y'a-t-il une file à la caisse?
- Oui, il y a une longue file à la caisse.
- Est-ce que Jack ne veut pas faire la file et quitte sans payer?
- Non, Jack fait la file.
- Où met-il la nourriture?
- Jack met la nourriture sur le comptoir.
- Jack veut-il payer en argent comptant ou par carte de crédit?
- Jack veut payer par carte de crédit. Il donne au caissier sa carte.
- Arrive-t-il à payer pour les produits par carte?
- Non. Le caissier passe la carte, mais ça ne marche pas.
- Que demande le caissier à Jack?
- Le caissier demande à Jack de payer en argent comptant.
- Jack a-t-il de l'argent?
- Il a un peu d'argent dans son portefeuille.

- Kauft Jack nur Brot oder kauft er noch Brötchen?
- Jack nimmt ein Brot und zwei süße Brötchen.
- Mag er Kekse?
- Ja, er nimmt ein kleines Paket Kekse.
- Was nimmt Jack noch auf dem Weg zur Kasse mit?
- Auf dem Weg zur Kasse nimmt er zwei Flaschen Saft mit.
- Welchen Saft kauft Jack?
- Orangensaft.
- Wieviel Saft gibt es in einer Flasche?
- In einer Flasche gibt es einen Liter Saft.
- Mag Jack Chips?
- Ja, er liebt Chips. Er nimmt zwei Päckchen.
- Gibt es eine Schlange an der Kasse?
- Ja, es gibt eine lange Schlange an der Kasse.
- Will Jack nicht Schlange stehen und geht er ohne Lebensmittel weg?
- Nein, er steht Schlange.
- Wohin legt er die Produkte?
- Er legt die Produkte auf den Ladentisch.
- Will Jack mit Bargeld oder mit der Kreditkarte zahlen?
- Er will mit der Kreditkarte bezahlen. Er gibt dem Kassierer seine Karte.
- Gelingt es ihm, mit der Kreditkarte für die Produkte zu zahlen?
- Nein. Der Kassierer steckt die Karte in die Maschine, aber sie funktioniert nicht.
- Worum bittet der Kassierer Jack?
- Der Kassierer bittet Jack, mit Bargeld zu zahlen.
- Hat Jack Geld?
- Er hat etwas Geld in seinem Portmonee.

- A-t-il assez d'argent pour qu'il puisse payer?
- Oui, il a assez d'argent, Jack paie le caissier.

- Ist es genug, um für die Produkte zu bezahlen?
- Ja, es reicht. Jack bezahlt dem Kassierer.

14

Briser la glace

Brich das Eis

« Maman, quel smartphone tu avais quand tu étais petite », demande un fils à sa mère.
« Aucun », répond sa mère.
« Tu avais une tablette », demande-t-il à nouveau.
« Quand j'étais petite, il n'y avait ni tablette ni smartphone », dit la mère à son fils. Son fils est très surpris.
« Maman, tu as vu des dinosaures quand tu étais petite ? », demande-t-il.
« Non, mon cœur. Je ne suis pas si vieille. »

„Mama, welches Smartphone hattest du, als du klein warst?" ein kleiner Sohn fragt seine Mutter.
„Gar keins", antwortet seine Mutter.
„Hattest du ein Tablet?" fragt er wieder.
„Als ich klein war, gab es weder Tablets noch Smartphones", sagt die Mutter zu ihrem Sohn. Ihr Sohn ist sehr überrascht.
„Mama, hast du Dinosaurier gesehen, als du ein kleines Kind warst?" fragt er wieder.
„Nein, habe ich nicht, Lieber. So alt bin ich jetzt auch nicht."

J'ai quatre classes aujourd'hui

Heute habe ich vier Fächer

Mots

Vokabeln

1. à propos, au sujet de - über
2. atteindre - greifen
3. auditorium, salle de classe - der Hörsaal
4. bibliothécaire - der Bibliothekar
5. biologie - die Biologie
6. Bruxelles - Brüssel
7. bureau - das Büro
8. bureau du doyen - das Dekanat
9. chaud(m), chaude(f) - heiß
10. classes - das Unterricht, der Unterricht, die Kurse, die Fächer
11. commencer - anfangen, beginnen
12. craie - die Kreide
13. crayon - der Bleistift
14. dans, dedans - in
15. début - der Anfang
16. douzième - zwölfter
17. écrire, noter - ausschreiben, notieren
18. être fatigué(m), être fatiguée(f) - müde werden
19. être laissé, rester - bleiben
20. facture - die Rechnung
21. formule - die Formel
22. géographie - die Geographie, die Erdkunde
23. grand-mère, vieille femme - die Oma, die alte Frau

24. grand-père, vieil homme - der Opa, der alte Mann
25. histoire - die Geschichte
26. intéressant(m), intéressante(f) - interessant
27. léger(m), légère(f) - leicht
28. magazine - die Zeitschrift
29. manuel - das Lehrbuch
30. marche - die Stufe
31. mettre - anziehen
32. océan - der Ozean
33. ouvrir - öffnen
34. page - die Seite
35. paire - das Paar
36. paix, monde (paix dans le monde) - der Frieden; die Welt
37. pause - die Pause
38. petit déjeuner - das Frühstück
39. physique - die Physik
40. prendre du temps, durer - dauern
41. professeur, instructeur - der Lehrer
42. prudemment, attentivement - aufmerksam
43. quatrième - vierter
44. règle - die Regel
45. règle à mesurer - das Lineal
46. résumé, plan - die Zusammenfassung, das Resümee
47. retourner - zurückgeben
48. sandwich - das belegte Brot
49. se préparer - sich vorbereiten
50. soirée, soir - der Abend
51. suivant(m), suivante(f), prochain(m), prochaine(f) - nächster
52. sujet, chose - das Fach; das Ding
53. tableau - das Brett
54. test - die Prüfung
55. un et demi(m), une et demi(f) - anderthalb

B

Aujourd'hui je vais à l'université. Je dois être là à huit heures trente. Je m'habille. Il fait chaud dehors, alors je mets des vêtements légers. Puis je prends le petit déjeuner. Je mange un sandwich et je bois du thé pour le petit déjeuner. Je ramasse mes affaires. Je prends avec moi un carnet de notes, un stylo, un crayon, une règle et un manuel d'histoire pour l'université.

Heute gehe ich zur Universität. Ich muss dort um halb neun sein. Ich ziehe mich an. Draußen ist es heiß, deshalb nehme ich dünne Kleidung. Dann esse ich das Frühstück. Zum Frühstück esse ich ein belegtes Brot und trinke ich Tee. Ich sammle meine Sachen ein. Ich nehme mein Heft, einen Kugelschreiber, einen Bleistift, ein Lineal und ein Geschichtslehrbuch mit zur Universität.

Je quitte la maison et vais à l'arrêt d'autobus. Je monte dans l'autobus pour l'université. Je vois l'université. Il y a beaucoup d'étudiants à

Ich verlasse die Wohnung und gehe zur Bushaltestelle. Ich steige in den Bus ein und fahre zur Universität. Ich sehe die Universität.

l'entrée. Je vais à la porte et j'entre dans l'université. Aujourd'hui j'ai quatre cours. Le premier cours est physique, le second est histoire, le troisième est biologie, le quatrième est anglais. Je dois aller à l'auditorium pour celui de physique. Je monte les marches jusqu'au deuxième étage. Je vais à l'auditorium de physique. Plusieurs étudiants se tiennent près de l'auditorium. Dix minutes restent avant le début de la classe.

Je vais dans l'auditorium et m'assois dans une chaise. Mon ami Mike est assis à côté de moi. Il a de très bonnes notes. Notre professeur entre. Son nom est Mr. Steven. Il prend la craie et écrit la sujet au tableau. Les étudiants prennent leurs cahiers de notes et leurs crayons. Nous notons le sujet. Mr. Steven distribue ensuite nos livres de physique. Il nous demande d'ouvrir les livres à la page douze. Nous écrivons les formules et les règles dans nos cahiers. Mr. Steven nous parle du sujet. Nous écoutons attentivement. Le cours dure une heure et demie. Puis je quitte l'auditorium.

La pause a commencé. La pause dure quinze minutes. Ensuite c'est le cours d'histoire. Je dois aller au troisième étage. La salle de classe d'histoire est là. Je vais au troisième étage et j'entre dans la salle de classe. Notre professeur s'appelle Mr. Oliven. Il est assis à une table et il lit un journal. Une grande carte est accrochée sur le tableau noir de sa classe. Les étudiants viennent dans la pièce et s'assoient dans leurs sièges. Le cours commence. Notre professeur regarde une carte. Il nous parle de l'histoire de la ville de Bruxelles. Puis il écrit le sujet sur le

Neben dem Eingang gibt es viele Studenten. Ich gehe zur Tür und trete ein. Heute habe ich vier Fächer. Das erste - Physik, das zweite - Geschichte, das dritte - Biologie, das vierte - Englisch. Ich muss zum Hörsaal für die Physikunterricht gehen. Ich gehe treppauf bis zur zweiten Etage. Viele Studenten stehen vor dem Hörsaal. Das Unterricht fängt in zehn Minuten an.

Ich gehe in den Hörsaal und setze mich. Neben mir sitzt mein Freund Mike. Er hat sehr gute Noten. Der Lehrer kommt herein. Er heißt Herr Steven. Er nimmt die Kreide und schreibt das Thema auf die Tafel. Studenten nehmen ihre Hefte und Kugelschreiber heraus. Wir notieren das Thema. Herr Steven gibt uns dann unsere Physiklehrbücher. Er bittet uns, die Bücher auf der zwölften Seite zu öffnen. Wir notieren die Formeln und Regeln in unseren Heften. Herr Steven erklärt uns das Thema. Wir hören aufmerksam. Das Unterricht dauert anderthalb Stunden. Dann verlasse ich den Hörsaal.

Die Pause beginnt. Die Pause dauert fünfzehn Minuten. Dann ist die Geschichte. Ich muss auf die dritte Etage gehen. Dort ist der Raum für Geschichte. Ich gehe treppauf und dann in den Saal. Unser Lehrer heißt Herr Oliven. Er sitzt am Tisch und liest eine Zeitung. Eine große Landkarte hängt an der Tafel in seinem Raum. Studenten kommen in den Saal und setzen sich auf ihre Plätze. Die Vorlesung fängt an. Der Lehrer schaut auf die Karte. Er erzählt uns die Geschichte der Stadt Brüssel. Dann schreibt er das Thema an die Tafel. Die Vorlesung dauert anderthalb Stunden. Wir gehen aus dem Saal.

tableau. Le cours dure une heure et demie. Puis nous sortons de la classe. La longue pause commence. Ça dure trente minutes. Je sors de l'université et je vais dans un café. Mon ami Mike vient avec moi. Le café est situé tout près. Nous entrons dans le café. Je commande une pizza et un café. Je m'assois dans le café avec Mike pendant vingt minutes. Puis je paie l'addition pour la nourriture au serveur et je quitte le café. Le troisième cours est en biologie. Notre instructeur Mr. Christin raconte des choses vraiment intéressantes. Le cours dure une heure et demie. Puis je vais au cours d'anglais. Je connais bien l'anglais. Mes grands-parents vivent en Angleterre. Je vais souvent leur rendre visite. Je pense que j'irai à la bibliothèque après les cours. Demain j'ai un test en géographie, alors j'ai besoin de bien me préparer. Je veux prendre un livre sur les océans du monde. Je dois faire un plan. La bibliothèque est située dans notre université. Elle est au quatrième étage. Je vais à la bibliothèque. Beaucoup d'étudiants sont assis à la bibliothèque. Ils lisent et prennent des notes. Il est déjà quatre heures de l'après-midi. Je suis fatigué. Alors je veux amener les livres à la maison. Je vais voir le bibliothécaire. Je lui demande de me montrer un livre sur les océans. Le bibliothécaire me montre trois livres. Je regarde les livres. Je décide de ramener deux d'entre eux à la maison. Je prends aussi un magazine. Je sors les livres et le magazine. Le bibliothécaire me dit que je dois rendre les livres et le magazine dans trois semaines. Je prends les livres et le magazine et vais à la maison.

Die lange Pause fängt an. Sie dauert eine halbe Stunde. Ich gehe aus der Universität und in ein Café. Mein Freund Mike kommt mit. Das Café liegt in der Nähe. Wir kommen in das Café. Ich bestelle Pizza und Kaffee. Ich sitze mit Mike zwanzig Minute lang im Café. Dann bezahle ich den Kellner und gehe nach draußen. In der dritten Stunde haben wir Biologie. Ich liebe es, zu Biologievorlesungen zu gehen. Unser Lehrer Herr Christin erzählt sehr interessante Dinge. Die Vorlesung dauert anderthalb Stunden. Dann gehe ich zum Englischunterricht. Ich spreche Englisch gut. Meine Großeltern wohnen in England. Ich fahre oft dorthin, um sie zu besuchen. Ich denke daran, nach dem Unterricht in die Bibliothek zu gehen. Morgen habe ich einen Test in Geographie, ich muss mich also gut vorbereiten. Ich will ein Buch über die Ozeane der Welt ausleihen. Ich muss eine Zusammenfassung schreiben. Die Bibliothek befindet sich in unserer Universität. Sie ist in der vierten Etage. Ich gehe in die Bibliothek. Viele Studenten sitzen dort. Sie lesen und machen Notizen. Es ist schon vier Uhr nachmittags. Ich bin müde. Ich will die Bücher nach Hause mitnehmen. Ich gehe zum Bibliothekar. Ich bitte ihn, mir ein Buch über die Ozeane zu zeigen. Der Bibliothekar zeigt mir drei Bücher. Ich schaue sie an. Ich entscheide mich, zwei Bücher mitzunehmen. Ich nehme auch eine Zeitschrift. Ich leihe die Bücher und die Zeitschrift aus. Der Bibliothekar sagt, dass ich die Bücher und die Zeitschrift in drei Wochen zurückgeben soll. Ich nehme die Bücher und die Zeitschrift und gehe nach Hause.

Questions et Réponses

- Où vas-tu aujourd'hui?
- Aujourd'hui je vais à l'université.
- À quelle heure dois-tu être là-bas?
- Je dois être là-bas à huit heures et demie.
- Pourquoi portes-tu des vêtements légers?
- Je porte des vêtements légers car la température est bonne dehors.
- Que manges-tu pour le petit déjeuner?
- Pour le petit déjeuner je mange un sandwich et je bois un thé.
- Qu'amènes-tu avec toi à l'université?
- J'amène un cahier de notes, un stylo, un crayon, une règle et un manuel d'histoire.
- Te rends-tu à pied ou en autobus à l'université?
- Je vais à l'université en autobus.
- Combien de cours as-tu aujourd'hui?
- Aujourd'hui j'ai quatre cours.
- Quels sujets étudies-tu?
- Physique, histoire, biologie et anglais.
- À quel étage dois-tu te rendre?
- Je monte au deuxième étage.
- Vas-tu voir le doyen?
- Non, je vais à l'auditorium de physique.
- Combien de minutes reste-t-il avant le début des classes?
- Il reste dix minutes avant la classe.
- Qui est assis à côté de toi?
- Mon ami Mike est assis à côté de moi.
- Réussit-il bien à l'université?
- Oui, il réussit bien.
- Quel est le nom de ton professeur?
- Son nom est Mr. Steven.

Fragen und Antworten

- Wohin gehst du heute?
- Ich gehe zur Universität.
- Wie spät musst du dort sein?
- Ich muss um halb neun dort sein.
- Warum nimmst du dünne Kleidung?
- Ich nehme dünne Kleidung, weil es draußen heiß ist.
- Was isst du zum Frühstück?
- Ich esse ein belegtes Brot und trinke Tee zum Frühstück.
- Was nimmst du mit zur Universität?
- Ich nehme ein Heft, einen Kugelschreiber, einen Bleistift, ein Lineal und das Geschichtslehrbuch mit.
- Gehst du zur Universität zu Fuß oder fährst du mit dem Bus?
- Ich fahre mit dem Bus zur Universität.
- Wie viele Stunden Unterricht hast du heute?
- Heute habe ich vier Stunden.
- Welche Fächer studierst du?
- Physik, Geschichte, Biologie und Englisch.
- Zu welcher Etage musst du gehen?
- Ich gehe treppauf zur zweiten Etage.
- Gehst du zum Dekan?
- Nein, ich gehe in den Physikhörsaal.
- Wie viele Minuten bleiben noch zum Anfang des Unterrichts?
- Zehn Minuten bleiben noch zum Unterricht.
- Wer sitzt neben dir?
- Mein Freund Mike sitzt neben mir.
- Hat er gute Noten?
- Ja, er hat sehr gute Noten.
- Wie heißt dein Lehrer?

- Comment Mr. Steven commence-t-il la classe?
- Mr. Steven écrit le sujet sur le tableau.
- Que distribue Mr. Steven?
- Mr. Steven distribue nos livres de physique.
- Sur quelle page ouvres-tu le livre?
- Nous ouvrons le livre à la page douze.
- Qu'écris-tu dans ton cahier de notes?
- Nous écrivons des formules et des règles dans nos cahiers.
- Écoutes-tu Mr. Steven attentivement?
- Oui, nous l'écoutons attentivement.
- Combien de temps un cours dure-t-il?
- Un cours dure une heure et demie.
- Combien de temps dure la pause?
- La pause dure quinze minutes.
- À quel étage est la salle d'histoire?
- La salle d'histoire est au troisième étage.
- Quel est le nom de ton professeur?
- Le nom de notre professeur est Mr. Oliven.
- Que fait-il pendant la pause?
- Il s'assoit à la table et lit le journal.
- Qu'est-ce qui est accroché sur le tableau noir de la classe d'histoire?
- Une grande carte est accrochée sur le tableau noir.
- De quoi vous parle le professeur?
- Il nous raconte l'histoire de la ville de Bruxelles.
- Combien de temps dure la longue pause?
- Elle dure trente minutes.
- Qui va avec toi au café?
- Mon ami Mike va avec moi.
- Le café est-il loin?
- Non, le café est à la porte d'à côté.
- Que commandes-tu?

- Sein Name ist Herr Steven.
- Wie beginnt Herr Steven die Unterricht?
- Er schreibt das Thema an die Tafel.
- Was gibt Herr Steven aus?
- Er gibt Physiklehrbücher aus.
- Auf welcher Seite öffnet ihr das Buch?
- Wir öffnen das Buch auf der zwölften Seite.
- Was notiert ihr in euren Heften?
- Wir notieren Formeln und Regeln in unseren Heften.
- Hört ihr Herrn Steven aufmerksam zu?
- Ja, wir hören ihm aufmerksam zu.
- Wie lange dauert das Unterricht?
- Das Unterricht dauert anderthalb Stunden.
- Wie lang ist die Pause?
- Die Pause dauert fünfzehn Minuten.
- Auf welcher Etage ist der Raum für Geschichtsunterricht?
- Der Raum ist in der dritten Etage.
- Wie heißt euer Lehrer?
- Sein Name ist Herr Oliven.
- Was macht er während der Pause?
- Er sitzt am Tisch und liest eine Zeitung.
- Was hängt an der Tafel im Raum für den Geschichtsunterricht?
- Eine große Landkarte hängt an der Tafel.
- Worüber spricht der Lehrer?
- Er erzählt die Geschichte der Stadt Brüssel.
- Wie lange dauert die große Pause?
- Sie dauert dreißig Minuten.
- Wer geht mit dir ins Café?
- Mein Freund Mike geht mit.
- Ist das Café weit?
- Nein, es ist nah.
- Was bestellst du?
- Ich bestelle Pizza und Kaffee.

- Je commande une pizza et un café.
- Combien de temps t'assois-tu dans le café?
- Je m'assois dans le café avec Mike pour vingt minutes.
- À qui paies-tu l'addition pour la nourriture?
- Je paie l'addition au serveur.
- Aimes-tu les cours de biologie?
- Oui, j'aime aller aux cours de biologie.
- Le nom de ton professeur est-il Mr. Christin?
- Oui, son nom est Mr. Christin.
- Dit-il les choses de façon intéressante?
Oui, notre professeur Mr. Christin rend les choses vraiment intéressantes.
- Parles-tu anglais?
- Oui, je parle anglais.
- Où sont tes grands-parents?
- Mes grands-parents vivent en Angleterre.
- Vas-tu les rendre souvent visite?
- Oui, je vais souvent leurs rendre visite.
- Où veux-tu aller après les classes?
- Je pense aller à la bibliothèque.
- Sur quel sujet as-tu un test demain?
- Demain j'ai un test en géographie.
- As-tu besoin de te préparer pour?
- Oui, j'ai besoin de bien me préparer.
- Quelle sorte de livres veux-tu sortir de la bibliothèque?
- Je veux sortir des livres sur les océans du monde.
- Pourquoi as-tu besoin de ces livres?
- Je dois écrire un plan.
- Où est la bibliothèque?
- La bibliothèque est dans notre université sur le quatrième étage.
- Combien d'étudiants y'a-t-il dans la bibliothèque?

- Wie lange sitzt ihr im Café?
- Ich sitze mit Mike zwanzig Minuten lang im Café.
- Wen bezahlst du für das Essen?
- Ich bezahle den Kellner.
- Magst du Biologieunterricht?
- Ja, ich mag es, zum Biologieunterricht zu gehen.
- Heißt dein Lehrer Herr Christin?
- Ja, er heißt Herr Christin.
- Erzählt er alles auf eine interessante Art?
- Ja, unser Lehrer Herr Christin macht alles sehr interessant.
- Sprichst du Englisch?
- Ja, ich spreche Englisch.
- Wo sind deine Großeltern?
- Meine Großeltern wohnen in England.
- Besuchst du sie?
- Ja, ich besuche sie oft.
- Wohin willst du nach dem Unterricht gehen?
- Ich denke daran, in die Bibliothek zu gehen.
- In welchem Fach hast du morgen einen Test?
- Morgen habe ich einen Test in Geographie.
- Musst du dich vorbereiten?
- Ja, ich muss mich gut vorbereiten.
- Welche Bücher musst du aus der Bibliothek verleihen?
- Ich brauche ein Buch über die Ozeane der Welt.
-Wofür brauchst du diese Bücher?
- Ich muss eine Zusammenfassung schreiben.
- Wo ist die Bibliothek?
- Die Bibliothek befindet sich in unserer Universität auf der vierten Etage.
- Wie viele Studenten gibt es in der Bibliothek?
- Es gibt viele Studenten in der Bibliothek.

- Beaucoup d'étudiants sont assis dans la bibliothèque.
- Que font-ils?
- Ils lisent et prennent des notes.
- Prends-tu un livre et t'assois-tu pour écrire un plan?
- Non, je suis fatigué, je veux ramener les livres à la maison.
- Que demandes-tu au bibliothécaire?
- Je lui demande de me montrer un livre sur les océans.
- Combien de livres décides-tu de ramener à la maison?
- Je décide de ramener deux livres à la maison.
- Prends-tu aussi un magazine?
- Oui, je prends aussi un magazine.
- Quand dois-tu retourner les livres et le magazine?
- Le bibliothécaire dit que je dois retourner les livres et le magazine dans trois semaines.

- Was machen sie?
- Sie lesen und machen Notizen.
- Nimmst du ein Buch und setzst du dich, um eine Zusammenfassung zu schreiben?
- Nein, ich bin müde, also will ich die Bücher nach Hause mitnehmen.
- Worum bittest du den Bibliothekar?
- Ich bitte ihn, mir ein Buch über die Ozeane zu zeigen.
- Wie viele Bücher willst du nach Hause mitnehmen?
- Ich entscheide mich, zwei Bücher mitzunehmen.
- Nimmst du auch eine Zeitschrift?
- Ja, ich nehme auch eine Zeitschrift.
- Wann musst du die Bücher und die Zeitschrift zurückgeben?
- Der Bibliothekar sagt, ich muss die Bücher und die Zeitschrift in drei Wochen zurückgeben.

15

Briser la glace

Brich das Eis

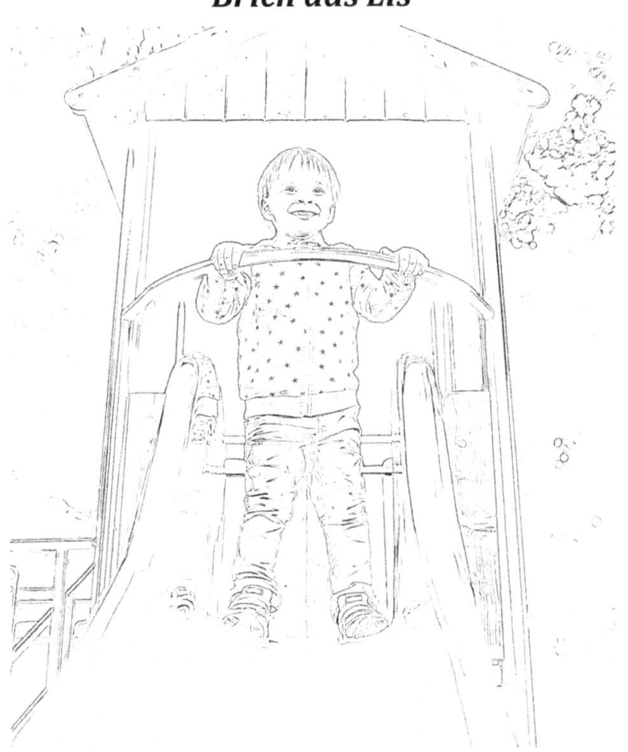

Le petit Robert joue sur le terrain de jeux.
« Robert, rentre ! », appelle sa mère. Robert regarde sa mère.
« Est-ce que je suis fatigué ? », demande-t-il à sa mère.
« Non, mon cœur », répond la maman de Robert.
« Ai-je froid ? », demande-t-il encore.
« Non mon chéri. Tu as faim », dit la mère.
« Ok maman ! J'arrive ! », dit joyeusement Robert et il court vite vers la maison.

Der kleine Robert spielt auf dem Spielplatz.
„Robert, komm nach Hause!" ruft seine Mutter. Robert sieht zu seiner Mutter auf.
„Bin ich müde?" fragt er seine Mutter.
„Nein, Lieber", antwortet Roberts Mutter.
„Ist mir kalt?" fragt er wieder.
„Nein, Schatz. Du hast Hunger", sagt die Mutter.
„Okay, Mama! Ich komme!" sagt Robert glücklich und rennt schnell nach Hause.

Jack veut travailler à temps partiel

Jack will eine Teilzeitarbeit finden

A

Mots

Vokabeln

1. actif(m), active(f) - aktiv
2. âge - das Alter
3. allo - Hallo
4. avant, plus tôt - früher
5. chargeur, débardeur - der Transportarbeiter, der Packer
6. cogner - klopfen
7. compétence - die Fertigkeit, die Kenntnis
8. devenir - werden
9. directeur, tête, chef - der Leiter, der Chef
10. droits - die Rechte
11. éducation - die Ausbildung, die Erziehung
12. emploi à temps partiel - die Teilzeitarbeit
13. expérience - die Erfahrung
14. faire, compléter - machen
15. famille - die Familie
16. fille - das Mädchen
17. gagner - verdienen
18. librement, couramment - fließend
19. mâle, masculin - männlich
20. marié(m), mariée(f) - verheiratet
21. Néerlandais (m), Néerlandaise (f) - der Niederländer
22. néerlandais(m), néerlandaise(f) - niederländisch
23. nom - der Name
24. nom de famille - der Familienname
25. permis de conduire - Führerschein
26. personne - die Person, der Mensch
27. personnel(m), personnelle(f) - persönlich

28. placement, emploi - die Anstellung
29. plein(m), pleine(f) - voll
30. promesse - versprechen
31. publicité, annonce - die Werbung
32. questionnaire, formulaire - der Fragebogen
33. régler, arranger - sich einrichten
34. remerciements - danke
35. rempli(m), remplie(f) - ausgefüllt
36. remplir - ausfüllen
37. sociable - gesellig
38. souhaiter, désirer - wünschen
39. statut - der Stand, der Status
40. suggérer, offrir - anbieten
41. téléphone - das Telefon
42. temps partiel - Teilzeit-
43. transporter, porter - tragen
44. travail - die Arbeit
45. travail physique - die Handarbeit
46. trouver un emploi, avoir un emploi - einen Job finden

B

Jack a peu d'argent. Il veut travailler à temps partiel. Il a du temps libre après les cours universitaires. Son ami Mike travaille comme chargeur au supermarché après l'école. Mike reçoit trente euros par jour. Jack demande à Mike comment il a trouvé l'emploi. Mike dit à Jack qu'il est allé à l'agence pour l'emploi. Là il a reçu une offre d'emploi. Mike donne à Jack l'adresse de l'agence. Jack décide aussi d'aller à l'agence pour l''emploi. L'agence est située au centre de la ville. Jack s'y rend par métro. Il trouve rapidement l'agence. Plusieurs annonces au sujet de travail pour étudiants sont accrochées dans l'entrée. Jack va à l'intérieur. Là il voit une longue file. Ce sont des gens qui veulent aussi avoir un travail. Ils se tiennent au bureau des renseignements. Les gens prennent des questionnaires pour les données personnelles. Jack se met dans la file. Le tour de Jack arrive après quinze minutes.

Jack hat wenig Geld. Er will eine Teilzeitarbeit finden. Er hat Freizeit nach dem Unterricht. Sein Freund Mike arbeitet als Lader in einem Supermarkt nach der Universität. Mike verdient dreißig Euro pro Tag. Jack fragt Mike, wie er diese Arbeit gefunden hat. Mike sagt Jack, dass es bei der Arbeitsagentur gewesen ist. Dort wurde ihm die Arbeit angeboten. Mike gibt Jack die Adresse der Agentur. Jack entscheidet sich, zur Arbeitsagentur zu gehen. Die Agentur befindet sich im Zentrum. Jack fährt dorthin mit der U-Bahn. Er findet das Büro schnell. Am Eingang hängen viele Anzeigen für Studentenarbeit. Jack kommt hinein. Dort sieht er eine lange Schlange. Es sind Leute, die auch eine Arbeit finden wollen. Sie stehen neben dem Schalter. Die Menschen nehmen Personalfragebogen mit. Jack stellt sich an das Ende der Schlange. In fünfzehn Minuten ist er an der Reihe.

"Bonjour, mon nom est Lisa," dit la fille au

„Hallo, ich bin Lisa", sagt das Mädchen im

bureau des renseignements à Jack.

Schalter zu Jack.

"Bonjour, je suis Jack," Jack dit.

„Hallo, ich bin Jack", sagt Jack.

"Cherchez-vous du travail?" la fille lui demande.

„Suchst du eine Arbeit?", fragt ihn das Mädchen.

"Oui," Jack dit.

„Ja", antwortet Jack.

"Voulez-vous travailler plein-temps ou à temps partiel?" la fille demande.

„Willst du eine Vollzeitarbeit oder eine Teilzeitarbeit?", fragt das Mädchen.

"Je suis un étudiant et je veux travailler après les cours," dit Jack.

„Ich studiere und will nach dem Unterricht arbeiten", sagt Jack.

"Alors prenez et complétez ce questionnaire pour étudiants, s'il vous plait. Quand vous aurez complété le questionnaire, amenez-le à la chef du département," la fille dit en lui donnant le questionnaire.

„Nimm, bitte, den Fragebogen für Studenten und fülle ihn aus. Wenn der Fragebogen ausgefüllt ist, gib ihn der Abteilungschefin", sagt das Mädchen und gibt ihm einen Fragebogen.

"Merci," Jack dit, et il prend le formulaire.

„Danke", sagt Jack und nimmt den Fragebogen.

Jack prend un crayon et remplit le questionnaire.

Jack nimmt einen Kugelschreiber und füllt den Fragebogen aus.

Nom - Jack

Name - Jack

Nom de famille - Stroman

Familienname - Stroman

Sexe - masculin

Geschlecht - männlich

Âge - dix-neuf ans

Alter - neunzehn Jahre alt

Nationalité - néerlandais

Staatsangehörigkeit - niederländisch

Statut marital - célibataire

Familienstand - ledig

Éducation - j'étudie à l'Université de Technologie et de Design.

Ausbildung - Ich studiere an der Universität für Technologie und Design.

Emploi précédent - je n'ai pas encore travaillé.

Frühere Arbeit - Ich habe nicht gearbeitet.

Quelles compétences et expériences avez-vous? - je suis une personne active et sociable. Je peux faire du travail physique. Je peux aussi travailler à l'ordinateur.

Welche Kenntnisse und Erfahrungen haben Sie? - Ich bin eine aktive und gesellige Person. Ich kann manuelle Arbeiten machen. Ich kann auch mit dem Computer arbeiten.

Langues (0 - non, 10 - parle couramment) - anglais 7, allemand 10, néerlandais 10

Permis de conduire - non

Attentes salariales - 30-40 euros par jour

Numéro de téléphone - +3456787487

Jack prend le formulaire et va au bureau de la chef du département. Il frappe à la porte et entre dans le bureau.

"Bonjour, mon nom est Jack. On m'a dit de donner mon questionnaire à la chef du département," Jack dit à la femme assise au bureau.

"Bonjour, mon nom est Eva Steg. Je suis la tête du département. Vous pouvez me donner votre questionnaire," répond-elle.

"Et voilà," Jack dit en remettant son questionnaire. "Quand puis-je avoir un emploi?"

"Nous vous appellerons quand nous trouverons un emploi pour vous," dit-elle.

Sprachen (0 - nicht, 10 - fließend) - Englisch - 7, Deutsch - 10, Niederländisch - 10

Führerschein - nein

Lohnerwartung - 30-40 Euro pro Tag

Telefonnummer - +3456787487

Jack nimmt den Fragebogen und geht zum Büro der Abteilungschefin. Er klopft und tritt ein.

„Guten Tag, ich heiße Jack. Man hat mir gesagt, meinen Fragebogen der Abteilungschefin abzugeben", sagt Jack zu der Frau, die am Schreibtisch sitzt.

„Guten Tag, ich heiße Eva Steg. Ich bin die Abteilungschefin. Bitte geben sie mir den Fragebogen", sie antwortet.

„Bitte", sagt Jack und gibt ihr seinen Fragebogen. "Wann kann ich eine Arbeit erwarten?"

„Wir werden Sie anrufen, wenn wir für Sie eine Arbeit finden," sie sagt.

C

Questions et Réponses

- Jack a-t-il beaucoup d'argent?
- Non, Jack a peu d'argent.
- Jack veut-il avoir un emploi?
- Oui, il veut gagner de l'argent.
- A-t-il le temps pour du travail à temps partiel?
- Oui, il a du temps libre après ses cours universitaires.
- Que fait son ami Mike?
- Son ami Mike travaille comme chargeur dans

Fragen und Antworten

- Hat Jack viel Geld?
- Nein, Jack hat wenig Geld.
- Will Jack eine Arbeit finden?
- Ja, er will Geld verdienen.
- Hat er Zeit für eine Teilzeitarbeit?
- Ja, er hat Zeit nach dem Unterricht.
- Was macht sein Freund Mike?
- Er arbeitet als Packer in einem Supermarkt nach dem Unterricht.

un supermarché après les classes d'université.
- Combien d'argent Mike reçoit?
- Mike reçoit trente euros par jour.
- Jack demande-t-il à Mike où il a trouvé l'emploi?
- Oui, Mike donne à Jack l'adresse d'une agence pour l''emploi.
- Où est l'agence?
- L'agence est située au centre de la ville.
- Jack s'y rend-il en autobus?
- Non, Jack s'y rend par métro.
- Que voit Jack à l'entrée de l'agence?
- Plusieurs annonces de travail pour étudiants sont accrochées dans l'entrée.
- Y'a-t-il beaucoup de gens à l'agence?
- Oui, il y a une longue file.
- Qui sont ces gens?
- Ce sont des gens qui veulent aussi avoir un emploi.
- Que prennent les gens?
- Les gens prennent des questionnaires personnels.
- Combien de temps Jack passe-t-il dans la file?
- Jack attend dans la file pendant quinze minutes.
- Jack veut-il travailler à temps plein ou partiel?
- Jack est un étudiant d'université et veut travailler après les classes.
- À qui Jack donne le formulaire complété?
- Jack donne le formulaire à la tête du département.
- Combien vite Jack peut-il trouver un emploi?
- Ils promettent d'appeler Jack quand ils trouvent un emploi pour lui.

- Wie viel Geld verdient Mike?
- Er verdient dreißig Euro pro Tag.
- Fragt Jack seinen Freund, wo er die Arbeit gefunden hat?
- Ja, Mike gibt Jack die Adresse der Arbeitsagentur.
- Wo ist die Agentur?
- Die Agentur befindet sich im Zentrum.
- Fährt Jack dorthin mit dem Bus?
- Nein, Jack fährt mit der U-Bahn dorthin.
- Was sieht Jack am Eingang zur Agentur?
- Viele Anzeigen für Studentenarbeit hängen am Eingang.
- Gibt es viele Leute in der Agentur?
- Ja, er sieht eine lange Schlange.
- Wer sind diese Leute?
- Es sind Leute, die auch eine Arbeit suchen.
- Was nehmen die Leute?
- Die Leute nehmen Personalfragebogen.
- Wie lange wartet Jack?
- Jack steht Schlange für fünfzehn Minuten.
- Will Jack Vollzeit arbeiten oder such er eine Teilzeitarbeit?
- Jack studiert und will nach dem Unterricht arbeiten.
- Wem gibt Jack den ausgefüllten Fragebogen?
- Er gibt den Fragebogen der Abteilungschefin.
- Wie schnell kann Jack eine Arbeit erwarten?
- Die Abteilungschefin verspricht, ihn anzurufen, wenn sie eine Arbeit für ihn finden.

Wörterbuch Französisch-Deutsch

à côté de, près - neben
à la maison - zu Hause
à l'intérieur - innen, drinnen
à pied - zu Fuß
à propos, au sujet de - über
à qui, duquel - wessen
à, au; près, proche - bei, an
à, pour - zu, nach
accepter, être en accord - zustimmen
accompagner - begleiten
accrocher - hängen
acheter - kaufen
actif(m), active(f) - aktiv
adresse - die Adresse
aéroport - der Flughafen
afin de, de sorte que - so dass
âge - das Alter
agence - die Agentur, das Büro
agent(m), agente(f) - der Vertreter, der Agent
aider - helfen
ajouter - (hin)zufügen
alcoolique - Alkohol
allée (de magasin) - die Abteilung
allemand(m), allemande(f) - Deutsch
aller dans - eingehen
aller en haut, monter - steigen
aller, marcher - gehen
allo - Hallo
allonger, résider - liegen
allumer - einschalten
alors, à cause de ceci - deshalb
alors, ensuite, plus tard - dann
puis, ensuite - damals, dann
ami(m), amie(f) - der Freund/die Freundin
amour, aimer - die Liebe, lieben
amusant(m), amusante(f) - lustig
an, année - das Jahr
ananas - die Ananas
anglais - Englisch
Anglaise - die Engländerin
Angleterre - England
animal - das Tier
annonce - die Anzeige
ans, années - Jahre
appartement - die Unterkunft, die Wohnung
appeler, nommer - rufen, nennen
apporter, transporter - hinbringen
apprécier, attirer - gefallen
approcher - herangehen, sich nähern
après, ensuite - dann, nach
arbre - der Baum
argent - das Bargeld, das Geld
arranger, prendre un rendez-vous - sich verabreden
arrêt - die Haltestelle
arriver, se rendre à - erreichen
ascenseur - der Aufzug
assiette - der Teller
assurance - die Versicherung
atteindre - greifen
attendre - warten
au milieu de - in der Mitte
au retour, sur le retour - nach Hause
au travers, à travers - durch / in
auditorium, salle de classe - der Hörsaal
aujourd'hui - heute
aussi - auch
auteur - die Schriftstellerin/der Schriftsteller
autobus, bus - der Bus
autoroute - die Autobahn
autour, environ - (rund) um
autre - andere(r/s)
avant, plus tôt - früher
avec - mit
aventure - das Abenteuer
avion - das Flugzeug
avocat(m), avocate(f) - der (Rechts)anwalt
avoir, posséder - haben
bagage - das Gepäck
baignoire, bain, cuve - die Badewanne
balances - die Waage
banane - die Banane
banlieue - der Vorort, die Vorstadt
banque - die Bank
bar - die Bar, die Gaststätte
basket, basketball - der Basketball
bateau - das Schiff
beige - beigefarben, beige

berge, rive - die Bank
bibliothécaire - der Bibliothekar
bibliothèque - die Bibliothek, die Bücherei
bien - gut
bien aller, avec succès - gelingen
bien sûr - natürlich
bientôt - bald
billet - die Fahrkarte
biologie - die Biologie
biscuit - der Keks, das Törtchen
blanc(m), blanche(f) - weiß
bleu(m), bleue(f) - blau
boire - trinken
bois - das Holz
boisson - das Getränk
boîte - die Schachtel, die Kiste
bon(m), bonne(f) - gut
bonjour, salut - Hallo
bouchon de circulation - der Stau
bouger, déménager - sich bewegen, umziehen
bouillir, préparer - kochen, sieden
boulevard - der Boulevard
bouteille - die Flasche
briller - leuchten, scheinen
brioche - das Brötchen
brosse - die Bürste
brûler - brennen
brun(m), brune(f) - braun
Bruxelles - Brüssel
bruyamment - laut
bruyant(m), bruyante(f) - laut
bureau - das Büro
bureau de poste - das Postamt
bureau du doyen - das Dekanat
café - das Café, der Kaffee
cage d'escalier - das Treppenhaus
cahier, carnet - das Heft
caisse, caisse enregistreuse - die Kasse
caissier(m), caissière(f) - der Kassierer
calm, calmement - ruhig
caoutchouc - der Gummi
carotte - die Karotte
carte - die Landkarte
casserole - die Kasserolle, der (Koch)topf
ce que, qui, que, quel(m), quelle(f) - welche(r/s), was für ein(e)
ceci, ce, cet(m), cette(f) - das, diese/r
central - zentral
centre - das Zentrum
ces, ceux(m), celles(f) - diese (Pl.)
chaise - der Stuhl
champignon - der Pilz
chaque, tout - jeder
chargeur, débardeur - der Transportarbeiter, der Packer
chat(m), chatte(f) - die Katze
chaud(m), chaude(f) - heiß, warm
chemin, voie, route - der Weg
chercher, rechercher - suchen
chien(m), chienne(f) - der Hund
chips - die Chips
choisir - wählen
chose - das Ding
chou - der Kohl
cinéma, théâtre - das Kino, das Theater
cinq - fünf
citron - die Zitrone
classes - das Unterricht, der Unterricht, die Kurse, die Fächer
clé - der Schlüssel
clinique - die Klinik
club - der Klub
cogner - klopfen
coin - die Ecke
collection - die Sammlung
collectionner, rassembler - sammeln
colline, montagne - der Berg
combien - wieviel
combien d'années - wie viele Jahre
comédie - die Komödie
commander - bestellen
comme ceci, alors - so
commencer - anfangen, beginnen
comment, combien - wie
compétence - die Fertigkeit, die Kenntnis
concombre - die Gurke
conducteur(m) conductrice(f), chauffeur(m), chauffeuse(f) - der Fahrer
conduire, transporter - ausfahren, fahren
confortable, agréable - gemütlich, bequem
connaître, savoir - kennen
consultant(m), consultante(f) - der Berater
continuer - weitermachen

convenable - geeignet, passend
couleur - die Farbe
couper - schneiden
couper de - abschneiden
courir - laufen
couteau - das Messer
coûter - kosten
craie - die Kreide
crayon - der Bleistift
crème aigre, crème sure - die Sahne
crème glacée - das Eis
cru(m), crue(f) - roh
cuillère - der Löffel
cuir - das Leder
cuisine - die Küche
dans la soirée - abends, am Abend
dans, dedans - in
de - aus, von
de l'autre côté de, à travers de - gegenüber
début - der Anfang
déchets, ordure - der Müll, der Abfall
décider - entscheiden
décision - der Entschluss, die Entscheidung
dehors, à l'extérieur - draußen
déjà - schon
délicieux(m), délicieuse(f) - lecker
demain - morgen
demander - fragen
demi(m), demie(f) - die Hälfte
dent - der Zahn
dentiste - der Zahnarzt
dents - die Zähne
derrière, de retour - zurück
design - das Design
détective - der Detektiv
deux - zwei
deuxième - zweiter
devenir - werden
devoir, être obligé - sollen
différent(m), différente(f), varié(m), variée(f) - verschieden
dimanche - der Sonntag
dire - sagen
dire aurevoir - sich verabschieden
directeur, tête, chef - der Leiter, der Chef
direction - die Richtung
diriger, mener - führen, leiten
discuter - besprechen
dix - zehn
dix-huit - achtzehn
dix-neuf - neunzehn
docteur, médecin - der Arzt
données, information - die Angaben
donner - die Hand, geben
dormir - schlafen
d'où - woher
douche, tête de douche - die Dusche
doux(m), douce(f) - weich
douze - zwölf
douzième - zwölfter
droit - geradeaus
droits - die Rechte
du début - vom Anfang an
eau - das Wasser
école - die Schule
écouter - hören
écrire, noter - ausschreiben, notieren
éducation - die Ausbildung, die Erziehung
effrayant(m), effrayante(f) - schrecklich, fürchterlich
emploi à temps partiel - die Teilzeitarbeit
emploi, travail - die Anstellung, die Beschäftigung
enfant - das Kind
enseigner - lehren, beibringen
ensemble - zusammen, gemeinsam
entre - zwischen
entrée - der Eingang
entrer - (her)einkommen
entrer en contact - einen Vertrag schließen
environ, approximativement - ungefähr
épicerie - das Lebensmittelgeschäft
espagnol(m), espagnole(f) - der Spanier
et - und
étage - die Etage
étalage, étaler - auslegen
être - sein, sich befinden
être assez - genug sein
être capable de, pouvoir - können
être fatigué(m), être fatiguée(f) - müde werden
être laissé, rester - bleiben
être malade - krank sein, krank werden, erkranken

être né(m), être née(f) - geboren sein
être nécessaire, devoir, avoir besoin de - brauchen
être vendu(m), être vendue(f) - verkauft werden
étudiant à l'université - der Student
étudiant, élève - der Schüler
étudier, apprendre - lernen
euro - der Euro
évier, lavabo - der Ausguss, das Becken
excellent(m), excellente(f) - herrlich
expérience - die Erfahrung
expliquer - erklären
facture - die Rechnung
faire connaissance, apprendre - kennenlernen
faire, compléter - machen, schaffen
famille - die Familie
fauteuil - der Sessel
femme - die Frau
fenêtre - das Fenster
feu de circulation - die Ampel
file, queue - die Schlange
fille - das Mädchen
film - der Film
fleur - die Blume
fleuve - der Fluss
flocons de céréales - die Cerealien
fois (combien de fois) - mal (einmal, zweimal etc.)
fonctionner - arbeiten, funktionieren
fontaine - der Springbrunnen, die Fontäne
foot - der Fußball
formule - die Formel
four - der Herd
fourchette - die Gabel
foyer, cheminée - der Kamin
fraise - die Erdbeere
français - Französisch
frère - der Bruder
froid(m), froide(f) - kalt, kühl
fromage - der Käse
fruit - das Obst
gagner - verdienen
garage - die Garage
garderie, crèche - die Kinderkrippe
gâteau, dessert - das Dessert, der Nachtisch
gaz - das Gas
gens - die Leute
géographie - die Geographie, die Erdkunde
Grande-Bretagne - Großbritannien
grandir, pousser - wachsen
grand-mère, vieille femme - die Oma, die alte Frau
grand-père, vieil homme - der Opa, der alte Mann
grille-pain - der Toaster
gris(m), grise(f) - grau
gros(m), grosse(f); grand(m), grande(f) - groß
hamburger - der Hamburger
haut(m), haute(f) - hoch
heure - die Stunde
histoire - die Geschichte
homme - der Mann
hôtel - das Hotel
huit - acht
huit-cent - achthundert
ici, là - hier(her)
il n'y a pas longtemps, récemment - letztens, kürzlich
il y a - es gibt, es sind
il/elle/ce, c', cet(m), cette(f), il, elle - er/sie/es
ils(m), elles(f), eux - sie (Pl.)
image - das Bild
immobilier(m), immobilière(f) - die Immobilie, das Grundbesitz
indiqué(m), indiquée(f) - angezeigt
indiquer - anzeigen, andeuten
information - die Auskunft
intéressant(m), intéressante(f) - interessant
interrupteur - der Schalter
invité(m), invitée(f) - der Gast
inviter - einladen
Italie - Italien
italien(m), italienne(f) - der Italiener
jamais - nie(mals)
jardin - der Garten
jaune - gelb
je - ich
jeu - das Spiel
joli(m), jolie(f), beau(m), belle(f) - schön
jouer - spielen

joueur de foot - der Fußballspieler
jour - der Tag
journal - die Zeitung
jus - der Saft
jusqu'à - bis
kiosque - der Kiosk
là, là-bas - dort(hin)
lac - der See
lait - das Milch
lampe - die Lampe
langue, langage - die Sprache / die Zunge
lavabo - das Waschbecken
laver, nettoyer - waschen
laveuse, laver - das Waschen
lavomatique - die Selbstbedienungswäscherei
le long de - entlang
le travail - die Arbeit
léger(m), légère(f) - leicht
légume - das Gemüse
lequel(m), laquelle(f), qui, que - welcher
lessive, sous-vêtements, lingerie - die Wäsche, die Unterwäsche
libre - frei
librement, couramment - fließend
lire - lesen
lit - das Bett
litre - der Liter
livre - das Buch
loin, une longue distance - weit
long, longtemps - lange
lui, son - ihn, sein
lumière - das Licht; leicht
lumineux(m), lumineuse(f) - hell
lunch - das Mittagsessen
lunettes - die Brille
lustre, chandelier - der Kronleuchter
machine - die Maschine
machine à café - die Kaffeemaschine
magasin, boutique - das Geschäft, der Laden
magazine - die Zeitschrift
maintenant - jetzt
mais, pendant, et - aber, doch, und
maison, foyer - das Haus
malaxeur - der Blender
mâle, masculin - männlich
maman, mère - die Mutter, Mama
manger - essen
manuel - das Lehrbuch
marche - die Stufe
marcher, aller - gehen
marié(m), mariée(f) - verheiratet
matin - der Morgen
mauve - purpurrot
mécanicien - der Mechaniker
mélangeur, malaxeur - der Mixer
mer - die See, das Meer
métal - metallen, Metall
météo - der Wetter
métro - die U-Bahn
mettre, déposer - anziehen, legen
meubles, ameublement - die Möbel
micro-ondes - die Mikrowelle
miel - der Honig
mieux, meilleur - besser
minibus - der Minibus
minute - die Minute
miroir - der Spiegel
mois - der Monat
mon (le mien)(m), ma (la mienne)(f), mes - mein
mon(m), ma(f), mes - mein
montrer - zeigen
monument - das Denkmal
moto, motocyclette - das Motorrad
mur - die Wand
musée - das Museum
nager - schwimmen
Naples - Neapel
nappe - das Tischtuch
national - national
nationalité - die Nationalität
nécessaire - nötig, notwendig
Néerlandais (m), Néerlandaise (f) - der Niederländer
néerlandais(m), néerlandaise(f) - niederländisch
nettoyer - reinigen, sauber machen
neuf - neun
neuf(m), neuve(f), nouveau(m), nouvelle(f) - neu
noir(m), noire(f) - schwarz
nom - der Name
nom de famille - der Familienname

non, il n'y a pas - nein; es gibt kein(e/en)
non, ne pas - nicht
normalement, habituellement - normalerweise
notre, nos - unser
nourriture - das Essen
nous - uns, wir
nouveau(m), nouvelle(f), neuf(m), neuve(f) - neu
numéro, nombre - die Nummer
obtenir (quelque chose) - bekommen
occupé(m), occupée(f) - beschäftigt
occuper - (Platz) nehmen
océan - der Ozean
oeuf - das Ei
oiseau - der Vogel
onéreux (m), onéreux (f) - teuer
orange - die Orange
ordinateur - der Computer
ordinateur portable - der Laptop
oreiller - das Kissen
ou - oder
où - wo, wohin
oui - ja
ouvrir - öffnen, aufmachen
page - die Seite
pain - das Brot
paire - das Paar
paix, monde (paix dans le monde) - der Frieden; die Welt
panier - der Korb
papa, père - der Papa
papier - das Papier
paquet, emballage - das Päckchen
parc - der Park
parce que, car - weil
parents - die Eltern
parfois - manchmal
parler, discuter - sprechen, plaudern
parmi - unter
pas grand(m), pas grande(f) - nicht groß
pas gros(m), pas grosse(f), petit(m), petite(f) - nicht groß
pas loin - nicht weit
pas nouveau - nicht neu
passeport - der Pass
passer - vergehen
passer(du temps) - verbringen (Zeit)
passer, près - vorbei, neben
pâte, macaroni - die Nudeln
pause - die Pause
payer - (be)zahlen
pays - das Land
pêche - der Pfirsich
penser - denken
père - der Vater
période - die Periode
permis de conduire - Führerschein
personne - die Person, der Mensch
personnel(m), personnelle(f) - persönlich
peser - wiegen
petit déjeuner - das Frühstück
petit tapis, paillasson - der Läufer, der Bettvorleger
petit(m), petite(f) - klein
petite table - das Tischlein
peu onéreux, pas cher - nicht teuer, preisgünstig
peut-être - vielleicht
pharmacie - die Apotheke
photographie - das Foto
physique - die Physik
pièce, morceau - das Stück
piétiner - treten, trampeln
pizza - die Pizza
placard; garde-robe; bibliothèque - der Wandschrank, die Garderobe, die Bücherschrank
place - der Ort, der Platz
placement, emploi - die Anstellung
placer - stellen, legen
plafond - die Decke
plage - der Strand
plancher - der Fußboden, die Etage
plastique - das Polyethylen, das Plastik, der Kunststoff
plat, assiette - die Speise, das Gericht
plein(m), pleine(f) - voll
pleurer - weinen
pluie - der Regen
plus loin - weiter
plus vieux(m), plus vieille(f), plus âgé(m), plus âgée(f) - älter
plus, davantage - mehr, noch

plusieurs, beaucoup - viele
poignée - der Griff
poisson - der Fisch
police - die Polizei
policier(m), policière(f) - der Polizist
pomme - der Apfel
pont - die Brücke
porte - die Tür
portefeuille, porte-monnaie - die Geldtasche, das Portmonee
possible - möglich
poulet - das Hühnchen, die Hühner
pour - für
pour une personne - Einpersonen, simple
pourquoi - warum
premièrement - erster
prendre (une douche, des médicaments, etc.) - nehmen
prendre des photos/images - fotografieren
prendre du temps, durer - dauern
prendre le lunch - zu Mittag essen
prendre le petit déjeuner - frühstücken, Frühstück essen
prendre, conduire, transporter - fahren
prendre quelque chose - nach etwas greifen
préparer, cuisiner - zubereiten
près, proche - nah, in der Nähe
présentoir - der Stand
prêt(m), prête(f), préparé(m), préparée(f) - fertig
prix - der Preis
probablement - wahrscheinlich
produit laitier, lait - die Milch
produits, nourriture - die Lebensmittel
professeur, instructeur - der Lehrer
profession - der Beruf, das Fach
professionnel(m), professionnelle(f) - professionell
promenade, aller en promenade - fahren
promesse - versprechen
propre - sauber
propriétaire - der Wirt
prudemment, attentivement - aufmerksam
prudent(m), prudente(f) - sorgfältig
publicité, annonce - die Werbung
quand - wann, als
quarante - vierzig
quatre - vier
quatrième - vierter
que, cet(m), cette(f) - jene(r/s)
que, quoi - was
quelque chose - etwas
quelqu'un(m), quelqu'une(f) - jemand
questionnaire, formulaire - der Fragebogen
qui - wer
quinze - fünfzehn
radio - der Rundfunk, das Radio
raisin(s) - die Traube(n)
ramasser - wegnehmen
ranger - aufräumen
rapidement - schnell
rassembler, regrouper - sich versammeln
réchauffer - aufwärmen
reçu - die Rechnung
réfrigérateur - der Kühlschrank
refuser - ablehnen, absagen
regarder - anschauen, aussehen
règle - die Regel
règle à mesurer - das Lineal
régler, arranger - sich einrichten
remerciements - danke
rempli(m), remplie(f) - ausgefüllt
remplir - ausfüllen
rencontrer - treffen
rénovation, réparations - die Renovierung
répondre - antworten
resposer, relaxer - sich ausruhen, sich erholen
restaurant - das Restaurant
résumé, plan - die Zusammenfassung, das Resümee
retourner - zurückgeben, zurückkehren
réveiller - aufstehen
rire - lachen
rive - das Ufer
riz - der Reis
robinet - der Wasserhahn
rond(m), ronde(f) - rund
rose - die Rose
rouge - rot
route, chemin - der Weg
rue - die Straße
sac à main, sac - die Tasche
sachet - das Paket

saisir - greifen
sale - schmutzig
salle à dîner - das Speisezimmer
salle de bain - das Badezimmer, das Bad
salon - das Wohnzimmer
samedi - der Samstag
sandwich - das belegte Brot, die Schnitte
sans - ohne
sans parler, silencieusement - schweigend
s'asseoir - sich setzen, sitzen
saucisse, saucisson - die Wurst
saumon - der Lachs
savon - die Seife
scanner - kassieren
se faire traiter - behandelt werden
se laver - sich waschen
se lever - aufstehen
se préparer - sich vorbereiten
se promener - spazieren gehen
se tenir, attendre - stehen
séchoir - der Trockner, der Fön (für die Haare)
semaine - die Woche
s'en aller - wegfahren
sentir - fühlen
sept - sieben
serveur(m), serveuse(f) - der Kellner
service automobile - der Autoservice
serviette - das Handtuch, die Serviette
seulement, juste - nur
s'habiller - sich ankleiden
si - ob
silencieusement - still, leise
silencieux(m), silencieuse(f) - still
six - sechs
sociable - gesellig
soeur - die Schwester
sofa, canapé - das Sofa
soirée, soir - der Abend
soleil - die Sonne
sombre, noir - dunkel
sonnette, sonner - die Klingel
sortie - der Ausgang
sortir - (hin)ausgehen
souhaiter, désirer - wünschen
soupe - die Suppe
sous, en-dessous - unter
souvent - oft
spacieux(m), spacieuse(f) - geräumig
station - die Station, der Bahnhof
statut - der Stand, der Status
sucre - der Zucker
sucré(m), sucrée(f), doux(m), douce(f) - süß
suggérer, offrir - anbieten, vorschlagen
suggestion - der Vorschlag
suivant(m), suivante(f), prochain(m), prochaine(f) - nächster
sujet, chose - das Fach; das Ding
supermarché - der Supermarkt
sur - auf
sur la droite - rechts
sur la gauche - links
sur le dessus de, dessus, au-dessus - obere
sur, le long de - über
table - der Tisch
table à café - das Tischlein
tableau - das Brett
tablette - das Regal
tapis - der Teppich
tasse - die Tasse
taxi - das Taxi
technologie - die Technologie
téléphone - das Telefon
téléviseur - der Fernseher
temps - die Zeit
tenir - stehen
terre, sol - die Erde, der Boden
test - die Prüfung
tête - gehen
thé - der Tee
théière - der Teekessel
timbre - die Briefmarke
tiroir, boîte - die Schublade
toi, tu, vous - du, Sie
toilette, salle de bain - die Toilette
toit - das Dach
tomate - die Tomate
ton, tes - dein
toujours - immer
touriste - der Tourist
tout de suite - sofort, auf der Stelle
tout(m), toute(f) - ganze
tout, quelque - irgendwelcher
tout, tous(m), toutes(d) - alles

train - der Zug
traitement - die Behandlung
trajet, balade - fahren
trajet, billet - die Fahrt
transport - der Transport, der Verkehr
transporter, porter - tragen
travail - die Arbeit
travail physique - die Handarbeit
travailler - funktionieren
travailler fort - sich bemühen
travailleur, employé(m), employée(f) - der Arbeiter
treize - dreizehn
trente - dreißig
trois - drei
trois cent - dreihundert
troisième - dritter
trolleybus - der Oberleitungsbus, der Obus
trottoir - der Bürgersteig, der Fußweg
trouver - finden
trouver un emploi, avoir un emploi - einen Job finden
tulipe - die Tulpe
tunnel - der Tunnel
un et demi(m), une et demi(f) - anderthalb
un petit morceau - ein Stückchen
un petit peu - ein bisschen
un peu, quelque - wenig, einige
un(m), une(f) - ein
une fois, un jour - irgendwann
université - die Universität
vacance - der Urlaub, die Ferien
vaisselle, assiettes - das Geschirr
valeur, prix - der Preis, die Kosten (pl.)
vase - die Vase
vendre - verkaufen
vendredi - der Freitag
verdure - die Grünfläche
verre - das Glas
vers, en direction de - entgegen
verser - gießen, schütten
verser dans, déverser - (ein)gießen
vert(m), verte(f) - grün
vestibule, auditorium - der Saal, die Halle
vêtement, robe - die Kleidung
viande - das Fleisch
vide - leer
vie - das Leben
vieil(m), vieux(m), vieille(f), - alt
ville - die Stadt
vingt - zwanzig
vivre - leben
voir - sehen
voisin(m), voisine(f) - der Nachbar
voiture, automobile - das Auto, der Wagen
vol - der Flug
voler - fliegen, stehlen
vouloir - wollen
voyager - reisen
vraiment - sehr
wagon, chariot, voiture - der Wagen

Wörterbuch Deutsch-Französisch

Abend , der - soirée, soir
abends, am Abend - dans la soirée
Abenteuer , das - aventure
aber, doch, und - mais, pendant, et
ablehnen - refuser
absagen - refuser
abschneiden - couper de
Abteilung , die - allée (de magasin)
acht - huit
achthundert - huit-cent
achtzehn - dix-huit
Adresse , die - adresse
Agentur, die , das Büro - agence
aktiv - actif(m), active(f)
Alkohol - alcoolique
alles - tout, tous, tous(m), toutes(d)
alt - vieil(m), vieux(m), vieille(f),
älter - plus vieux(m), plus vieille(f), plus âgé(m), plus âgée(f)
Alter , das - âge
Ampel , die - feu de circulation
Ananas , die - ananas
anbieten - suggérer, offrir
andere(r/s) - autre
anderthalb - un et demi(m), une et demi(f)
Anfang , der - début
anfangen, beginnen - commencer
Angaben , die - données, information
angezeigt - indiqué(m), indiquée(f)
anrufen - appeler (au téléphone)
anschauen - regarder
Anstellung, die , die Beschäftigung - emploi, placement, travail
antworten - répondre
Anzeige , die - annonce
anzeigen, andeuten - indiquer
anziehen - mettre
Apfel , der - pomme
Apotheke , die - pharmacie
Arbeit , die - travail, le travail
arbeiten, funktionieren - marcher, fonctionner
Arbeiter , der - travailleur, employé(m), employée(f)
Arzt , der - docteur, médecin
auch - aussi
auf - sur
aufmerksam - prudemment, attentivement
aufräumen - nettoyer, ranger
aufschreiben - écrire, noter
aufstehen - réveiller, se lever
aufwärmen - réchauffer
Aufzug , der - ascenseur
aus, von - de
Ausbildung, die , die Erziehung - éducation
ausfahren - conduire
ausfüllen - remplir
Ausgang , der - sortie
ausgefüllt - rempli(m), remplie(f)
Ausguss, der , das Becken - évier, lavabo
Auskunft , die - information
auslegen - étalage, étaler
ausschreiben, notieren - écrire, noter
aussehen - regarder
Auto, das , der Wagen - voiture, automobile
Autobahn , die - autoroute
Autoservice , der - service automobile
Badezimmer, das , das Bad - salle de bain
bald - bientôt
Banane , die - banane
Bank , die - banque, berge, rive
Bar, die , die Gaststätte - bar
Bargeld, das , das Geld - argent
Basketball , der - basket, basketball
Baum , der - arbre
begleiten - accompagner
behandelt werden - se faire traiter
Behandlung , die - traitement
bei, an - à, au; près, proche
beigefarben, beige - beige
bekommen - prendre, obtenir (quelque chose)
bekommen, nach etwas greifen - prendre, prendre quelque chose
belegte , das Brot, die Schnitte - sandwich
Berater , der - consultant(m), consultante(f)
Berg , der - colline, montagne
Beruf, der , das Fach - profession
beschäftigt - occupé(m), occupée(f)
besprechen - discuter

besser - mieux, meilleur
bestellen - commander
Bett , das - lit
bezahlen - payer
Bibliothek, die , die Bücherei - bibliothèque
Bibliothekar , der - bibliothécaire
Bild , das - image
Biologie , die - biologie
bis - jusqu'à
blau - bleu(m), bleue(f)
bleiben - être laissé, rester
Bleistift , der - crayon
Blender , der - malaxeur
Blume , die - fleur
Boulevard , der - boulevard
brauchen - être nécessaire, devoir, avoir besoin de
braun - brun(m), brune(f)
brennen - brûler
Brett , das - tableau
Briefmarke , die - timbre
Brille , die - lunettes
Brot , das - pain
Brötchen , das - brioche
Brücke , die - pont
Bruder , der - frère
Brüssel - Bruxelles
Buch , das - livre
Bürgersteig, der , der Fußweg - trottoir
Büro , das - bureau
Bürste , die - brosse
Bus , der - autobus, bus
Café , das - café
Cerealien , die - flocons de céréales
Chips , die - chips
Computer , der - ordinateur
Dach , das - toit
damals, dann - alors, puis, ensuite
danke - remerciements
dann - alors, après, ensuite, plus tard
das - ceci, ce
dauern - prendre du temps, durer
Decke , die - plafond
dein - ton, tes
Dekanat , das - bureau du doyen
denken - penser
Denkmal , das - monument
deshalb - alors, à cause de ceci
Design , das - design
Dessert, das , der Nachtisch - gâteau, dessert
Detektiv , der - détective
Deutsch - allemand(m), allemande(f)
diese (Pl.) - ces, ceux(m), celles(f)
diese/r - ceci, ce, cet(m), cette(f)
Ding , das - chose
dort, dort(hin) - là, là-bas
draußen - dehors, à l'extérieur
drei - trois
dreihundert - trois cent
dreißig - trente
dreizehn - treize
dritter - troisième
du, Sie - toi, tu, vous
dunkel - sombre, noir
durch / in - au travers, à travers
Dusche , die - douche, tête de douche
Ecke , die - coin
Ei , das - oeuf
ein - un(m), une(f)
ein bisschen - un peu, un petit peu
ein Stückchen - un petit morceau
einen Job finden - trouver un emploi, avoir un emploi
einen Vertrag schließen - entrer en contact
Eingang , der - entrée
eingehen - aller dans
eingießen - verser dans, déverser
einige - un peu, quelque
einladen - inviter
Einpersonen, simple - pour une personne
einschalten - allumer
Eis , das - crème glacée
Eltern , die - parents
England - Angleterre
Engländerin , die - Anglaise
Englisch - anglais
entgegen - vers, en direction de
entlang - le long de
entscheiden - décider
Entschluss, der , die Entscheidung - décision
er/sie/es - il/elle/ce, c', cet(m), cette(f), il, elle
Erdbeere , die - fraise
Erde, die , der Boden - terre, sol

Erfahrung , die - expérience
erklären - expliquer
erreichen - arriver, se rendre à
erster - premièrement
es gibt, es sind - il y a
essen - manger
Essen , das - nourriture
Etage , die - étage
etwas - quelque chose
Euro , der - euro
Fach, das ; das Ding - sujet, chose
fahren, das Fahren - prendre, conduire, transporter, promenade, aller en promenade, trajet, balade
Fahrer , der - conducteur(m) conductrice(f), chauffeur(m), chauffeuse(f)
Fahrkarte , die - billet
Fahrt , die - trajet, billet
Familie , die - famille
Familienname , der - nom de famille
Farbe , die - couleur
Fenster , das - fenêtre
Fernseher , der - téléviseur
fertig - prêt(m), prête(f), préparé(m), préparée(f)
Fertigkeit, die , die Kenntnis - compétence
Film , der - film
finden - trouver
Fisch , der - poisson
Flasche , die - bouteille
Fleisch , das - viande
fliegen - voler
fließend - librement, couramment
Flug , der - vol
Flughafen , der - aéroport
Flugzeug , das - avion
Flur , der - vestibule, entrée
Fluss , der - fleuve
Formel , die - formule
Foto , das - photographie
fotografieren - prendre des photos/images
Fragebogen , der - questionnaire, formulaire
fragen - demander
Französisch - français
Frau , die - femme
frei - libre
Freitag , der - vendredi
Freund, der /die Freundin - ami(m), amie(f)
Frieden, der ; die Welt - paix, monde (paix dans le monde)
früher - avant, plus tôt
Frühstück , das - petit déjeuner
frühstücken, Frühstück essen - prendre le petit déjeuner
fühlen - sentir
führen, leiten - diriger, mener
Führerschein - permis de conduire
fünf - cinq
fünfzehn - quinze
funktionieren - travailler
für - pour
Fußball , der - foot
Fußballspieler , der - joueur de foot
Fußboden, der , die Etage - plancher
Gabel , die - fourchette
ganze - tout(m), toute(f)
Garage , die - garage
Garten , der - jardin
Gas , das - gaz
Gast , der - invité(m), invitée(f)
geben - donner
geboren sein - être né(m), être née(f)
geeignet, passend - convenable
gefallen - apprécier, attirer
gegenüber - de l'autre côté de, à travers de
gehen - aller, marcher, tête
gelb - jaune
Geldtasche, die , das Portmonee - portefeuille, porte-monnaie
gelingen - bien aller, avec succès
Gemüse , das - légume
gemütlich, bequem - confortable, agréable
genug sein - être assez
Geographie, die , die Erdkunde - géographie
Gepäck , das - bagage
geradeaus - droit
geräumig - spacieux(m), spacieuse(f)
Geschäft, das , der Laden - magasin, boutique
Geschichte , die - histoire
Geschirr , das - vaisselle, assiettes
gesellig - sociable
Getränk , das - boisson
gießen, schütten - verser

Glas , das - verre
grau - gris(m), grise(f)
greifen - atteindre, saisir
Griff , der - poignée
groß - gros(m), grosse(f); grand(m), grande(f)
Großbritannien - Grande-Bretagne
grün - vert(m), verte(f)
Grünfläche , die - verdure
Gummi , der - caoutchouc
Gurke , die - concombre
gut - bien, bon(m), bonne(f)
haben - avoir, posséder
Hälfte , die - demi(m), demie(f)
Hallo - allo, bonjour, salut
Haltestelle , die - arrêt
Hamburger , der - hamburger
Hand , die - donner
Handarbeit , die - travail physique
Handtuch , das - serviette
hängen - accrocher
Haus , das - maison, foyer
Heft , das - cahier, carnet
heiß - chaud(m), chaude(f)
helfen - aider
hell - lumineux(m), lumineuse(f)
herangehen, sich nähern - approcher
Herd , der - four
hereinkommen - entrer
herrlich - excellent(m), excellente(f)
heute - aujourd'hui
hier, hier(her) - ici, là
hinausgehen - sortir
hinbringen - apporter, transporter
hinter - derrière, en arrière
hinzufügen - ajouter
hoch - haut(m), haute(f)
Holz , das - bois
Honig , der - miel
hören - écouter
Hörsaal , der - auditorium, salle de classe
Hotel , das - hôtel
Hühnchen , das - poulet
Hühner , die - poulet
Hund , der - chien(m), chienne(f)
ich - je
ihn, sein - lui, son
immer - toujours
Immobilie, die , das Grundbesitz - immobilier(m), immobilière(f)
in - dans, dedans
in der Mitte - au milieu de
innen, drinnen - à l'intérieur
interessant - intéressant(m), intéressante(f)
irgendwann - une fois, un jour
irgendwelcher - tout, quelque
Italien - Italie
Italiener , der - italien(m), italienne(f)
ja - oui
Jahr , das - an, année
Jahre - ans, années
jeder - chaque, tout
jemand - quelqu'un(m), quelqu'une(f)
jene(r/s) - que, cet(m), cette(f)
jetzt - maintenant
Kaffee , der - café
Kaffeemaschine , die - machine à café
kalt, kühl - froid(m), froide(f)
Kamin , der - foyer, cheminée
Karotte , die - carotte
Käse , der - fromage
Kasse , die - caisse, caisse enregistreuse
Kasserolle, die , der (Koch)topf - casserole
kassieren - scanner
Kassierer , der - caissier(m), caissière(f)
Katze , die - chat(m), chatte(f)
kaufen - acheter
Keks, der , das Törtchen - biscuit
Kellner , der - serveur(m), serveuse(f)
kennen - connaître, savoir
kennenlernen - faire connaissance, apprendre
Kind , das - enfant
Kinderkrippe , die - garderie, crèche
Kino , das - cinéma
Kiosk , der - kiosque
Kissen , das - oreiller
Kleidung , die - vêtement, robe
klein - petit(m), petite(f)
Klingel , die - sonnette, sonner
Klinik , die - clinique
klopfen - cogner
Klub , der - club
kochen, sieden - bouillir, préparer

Kohl , der - chou
Komödie , die - comédie
können - être capable de, pouvoir
Korb , der - panier
kosten - coûter
krank sein, krank werden, erkranken - être malade
Kreide , die - craie
Kronleuchter , der - lustre, chandelier
Küche , die - cuisine
kühl - froid(m), froide(f)
Kühlschrank , der - réfrigérateur
Kunststoff , der - plastique
lachen - rire
Lachs , der - saumon
Lampe , die - lampe
Land , das - pays
Landkarte , die - carte
lange - long, longtemps
Laptop , der - ordinateur portable
laufen - courir
Läufer, der , der Bettvorleger - petit tapis, paillasson
laut - bruyamment, bruyant(m), bruyante(f)
leben - vivre
Leben , das - vie
Lebensmittel , die - produits, nourriture
Lebensmittelgeschäft , das - épicerie
lecker - délicieux(m), délicieuse(f)
Leder , das - cuir
leer - vide
legen - mettre, déposer
Lehrbuch , das - manuel
lehren, beibringen - enseigner
Lehrer , der - professeur, instructeur
leicht - léger(m), légère(f)
Leiter, der , der Chef - directeur, tête, chef
lernen - étudier, apprendre
lesen - lire
letztens, kürzlich - il n'y a pas longtemps, récemment
leuchten, scheinen - briller
Leute , die - gens
Licht, das ; leicht - lumière
Liebe, die , lieben - amour, aimer
liegen - allonger, résider
Lineal , das - règle à mesurer
links - sur la gauche
Liter , der - litre
Löffel , der - cuillère
lustig - amusant(m), amusante(f)
machen, schaffen - faire, compléter
Mädchen , das - fille
mal (einmal, zweimal etc.) - fois (combien de fois)
manchmal - parfois
Mann , der - homme
männlich - mâle, masculin
Maschine , die - machine
Mechaniker , der - mécanicien
mehr, noch - plus, davantage
mein - mon (le mien)(m), ma (la mienne)(f), mes
Messer , das - couteau
metallen, Metall - métal
Mikrowelle , die - micro-ondes
Milch , die - produit laitier, lait
Minibus , der - minibus
Minute , die - minute
mit - avec
Mittagsessen , das - lunch
Mixer , der - mélangeur, malaxeur
Möbel , die - meubles, ameublement
möglich - possible
Monat , der - mois
morgen - demain
Morgen , der - matin
Motorrad , das - moto, motocyclette
müde werden - être fatigué(m), être fatiguée(f)
Müll, der , der Abfall - déchets, ordure
Museum , das - musée
Mutter, die , Mama - maman, mère
nach - après
nach Hause - au retour, sur le retour
Nachbar , der - voisin(m), voisine(f)
nächster - suivant(m), suivante(f), prochain(m), prochaine(f)
nah, in der Nähe - près, proche
Name , der - nom
national - national
Nationalität , die - nationalité
natürlich - bien sûr
Neapel - Naples

neben - à côté de, près
nehmen - prendre (une douche, des médicaments, etc.)
nehmen (Platz) - occuper
nein; es gibt kein(e/en) - non, il n'y a pas
neu - neuf(m), neuve(f), nouveau(m), nouvelle(f)
neun - neuf
neunzehn - dix-neuf
nicht - non, ne pas
nicht groß - pas grand(m), pas grande(f)
nicht neu - pas nouveau
nicht teuer, preisgünstig - peu onéreux, pas cher
nicht weit - pas loin
nie(mals) - jamais
Niederländer , der - Néerlandais (m), Néerlandaise (f)
niederländisch - néerlandais(m), néerlandaise(f)
normalerweise - normalement, habituellement
nötig, notwendig - nécessaire
Nudeln , die - pâte, macaroni
Nummer , die - numéro, nombre
nur - seulement, juste
ob - si
obere - sur le dessus de, dessus, au-dessus
Oberleitungsbus, der , der Obus - trolleybus
Obst , das - fruit
oder - ou
öffnen, aufmachen - ouvrir
oft - souvent
ohne - sans
Oma, die , die alte Frau - grand-mère, vieille femme
Opa, der , der alte Mann - grand-père, vieil homme
Orange , die - orange
Ort, der , der Platz - place
Ozean , der - océan
Paar , das - paire
Päckchen , das - paquet, emballage
Paket , das - sachet
Papa , der - papa, père
Papier , das - papier
Park , der - parc
Pass , der - passeport
Pause , die - pause
Periode , die - période
Person, die , der Mensch - personne
persönlich - personnel(m), personnelle(f)
Pfirsich , der - pêche
Physik , die - physique
Pilz , der - champignon
Pizza , die - pizza
Platz , der - place
Polizei , die - police
Polizist , der - policier(m), policière(f)
Polyethylen, das , das Plastik, der Kunststoff - plastique
Postamt , das - bureau de poste
Preis , der - prix
Preis, der , die Kosten (pl.) - valeur, prix
professionell - professionnel(m), professionnelle(f)
Prüfung , die - test
purpurrot - mauve
Rechnung , die - facture, reçu
Rechte , die - droits
rechts - sur la droite
Rechtsanwalt, der - avocat(m), avocate(f)
reden, sich unterhalten - parler
Regal , das - tablette
Regel , die - règle
Regen , der - pluie
reinigen, sauber machen - nettoyer
Reis , der - riz
reisen - voyager
Renovierung , die - rénovation, réparations
Restaurant , das - restaurant
Richtung , die - direction
roh - cru(m), crue(f)
Rose , die - rose
rot - rouge
rufen, nennen - appeler, nommer
ruhig - calm, calmement
rund - rond(m), ronde(f)
rund um - autour, environ
Rundfunk, der , das Radio - radio
Saal, der , die Halle - vestibule, auditorium
Saft , der - jus
sagen - dire
Sahne , die - crème aigre, crème sure

sammeln - collectionner, rassembler
Sammlung , die - collection
Samstag , der - samedi
sauber - propre
Schachtel, die , die Kiste - boîte
Schalter , der - interrupteur
Schiff , das - bateau
schlafen - dormir
Schlange , die - file, queue
Schlüssel , der - clé
schmutzig - sale
schneiden - couper
schnell - rapidement
schon - déjà
schön - joli(m), jolie(f), beau(m), belle(f)
schrecklich, fürchterlich - effrayant(m), effrayante(f)
schreiben - écrire
Schriftstellerin, die /der Schriftsteller - auteur
Schublade , die - tiroir, boîte
Schule , die - école
Schüler , der - étudiant, élève
schwarz - noir(m), noire(f)
schweigend - sans parler, silencieusement
Schwester , die - soeur
schwimmen - nager
sechs - six
See , der - lac
See, die , das Meer - mer
sehen - voir
sehr - vraiment
Seife , die - savon
sein - être
Seite , die - page
Selbstbedienungswäscherei , die - lavomatique
Serviette , die - serviette
Sessel , der - fauteuil
sich ankleiden - s'habiller
sich ausruhen, sich erholen - resposer, relaxer
sich befinden - être
sich bemühen - travailler fort
sich bewegen - bouger
sich einrichten - régler, arranger
sich setzen - s'asseoir
sich verabreden - arranger, prendre un rendez-vous
sich verabschieden - dire aurevoir
sich versammeln - rassembler, regrouper
sich vorbereiten - se préparer
sich waschen - se laver
sie (Pl.) - ils(m), elles(f), eux
sieben - sept
sitzen - s'asseoir
so - comme ceci, alors
so dass - afin de, de sorte que
Sofa , das - sofa, canapé
sofort, auf der Stelle - tout de suite
sollen - devoir, être obligé
Sonne , die - soleil
Sonntag , der - dimanche
sorgfältig - prudent(m), prudente(f)
Spanier , der - espagnol(m), espagnole(f)
spazieren gehen - se promener
Speise, die , das Gericht - plat, assiette
Speisezimmer , das - salle à dîner
Spiegel , der - miroir
Spiel , das - jeu
spielen - jouer
Sprache , die / die Zunge - langue, langage
sprechen, plaudern - parler, discuter
Springbrunnen, der , die Fontäne - fontaine
Stadt , die - ville
Stand , der - présentoir
Stand, der , der Status - statut
Station, die , der Bahnhof - station
Stau , der - bouchon de circulation
stehen - se tenir, attendre
stehen - tenir
stehlen - voler
steigen - aller en haut, monter
stellen, legen - mettre, placer
still, leise - silencieusement, silencieux(m), silencieuse(f)
Strand , der - plage
Straße , die - rue
Stück , das - pièce, morceau
Student , der - étudiant à l'université
Stufe , die - marche
Stuhl , der - chaise
Stunde , die - heure
suchen - chercher, rechercher

Supermarkt , der - supermarché
Suppe , die - soupe
süß - sucré(m), sucrée(f), doux(m), douce(f)
Tag , der - jour
Tasche , die - sac à main, sac
Tasse , die - tasse
Taxi , das - taxi
Technologie , die - technologie
Tee , der - thé
Teekessel , der - théière
Teilzeit - temps partiel
Teilzeitarbeit , die - emploi à temps partiel
Telefon , das - téléphone
Teller , der - assiette
Teppich , der - tapis
teuer - onéreux (m), onéreux (f)
Theater , das - cinéma, théâtre
Tier , das - animal
Tisch , der - table
Tischlein , das - petite table, table à café
Tischtuch , das - nappe
Toaster , der - grille-pain
Toilette , die - toilette, salle de bain
Tomate , die - tomate
Tourist , der - touriste
tragen - transporter, porter
Transport, der , der Verkehr - transport
Transportarbeiter, der , der Packer - chargeur, débardeur
Traube(n), die - raisin(s)
treffen - rencontrer
Treppenhaus , das - cage d'escalier
treten, trampeln - piétiner
trinken - boire
Trockner, der , der Fön (für die Haare) - séchoir
Tulpe , die - tulipe
Tunnel , der - tunnel
Tür , die - porte
U-Bahn, die - métro
über - à propos, au sujet de, sur, le long de
Ufer , das - rive
umziehen - bouger, déménager
und - et
ungefähr - environ, approximativement
Universität , die - université
uns - nous
unser - notre, nos
unter - parmi, sous, en-dessous
Unterkunft, die , die Wohnung - appartement
Unterricht, das, der Unterricht, die Kurse, die Fächer - classes
Urlaub, der , die Ferien - vacance
Vase , die - vase
Vater , der - père
verbringen (Zeit) - passer(du temps)
verdienen - gagner
vergehen - passer
verheiratet - marié(m), mariée(f)
verkaufen - vendre
verkauft werden - être vendu(m), être vendue(f)
verschieden - différent(m), différente(f), varié(m), variée(f)
Versicherung , die - assurance
versprechen - promesse
Vertreter, der , der Agent - agent(m), agente(f)
viele - plusieurs, beaucoup
vielleicht - peut-être
vier - quatre
vierter - quatrième
vierzig - quarante
Vogel , der - oiseau
voll - plein(m), pleine(f)
vom Anfang an - du début
vorbei, neben - passer, près
Vorort, der , die Vorstadt - banlieue
Vorschlag , der - suggestion
vorschlagen - suggérer, offrir
Waage , die - balances
wachsen - grandir, pousser
Wagen , der - wagon, chariot, voiture
wählen - choisir
wahrscheinlich - probablement
Wand , die - mur
Wandschrank, der , die Garderobe, die Bücherschrank - placard; garde-robe; bibliothèque
wann, als - quand
warm - chaud(m), chaude(f)
warten - attendre
warum - pourquoi

was - que, quoi
Waschbecken , das - lavabo
Wäsche, die , die Unterwäsche - lessive, sous-vêtements, lingerie
waschen - laver, nettoyer, blanchir
Waschen , das - laveuse,laver
Wasser , das - eau
Wasserhahn , der - robinet
Weg , der - chemin, voie, route
wegfahren - s'en aller
wegnehmen - prendre, ramasser
weich - doux(m), douce(f) Badewanne , die - baignoire, bain, cuve
weil - parce que, car
weinen - pleurer
weiß - blanc(m), blanche(f)
weit - loin, une longue distance
weiter - plus loin
weitermachen - continuer
welche(r/s), was für ein(e) - ce que, qui, que, quel(m), quelle(f)
welcher - lequel(m), laquelle(f), qui, que
wenig - un peu
wer - qui
Werbung , die - publicité, annonce
werden - devenir
wessen - à qui, duquel
Wetter , der - météo
wie - comment, combien
wie viele Jahre - combien d'années
wiegen - peser
wieviel - combien
wir - nous
Wirt , der - propriétaire
wo - où
Woche , die - semaine
woher - d'où
wohin - où
Wohnung , die - appartement
Wohnzimmer , das - salon
wollen - vouloir
wünschen - souhaiter, désirer
Wurst , die - saucisse, saucisson
Zahn , der - dent
Zahnarzt , der - dentiste
Zähne , die - dents
zehn - dix
zeigen - montrer
Zeit , die - temps
Zeitschrift , die - magazine
Zeitung , die - journal
zentral - central
Zentrum , das - centre
Zimmer , das - pièce, salle
Zitrone , die - citron
zu Fuß - à pied
zu Hause - à la maison
zu Mittag essen - prendre le lunch
zu, nach - à, pour
zubereiten - préparer, cuisiner
Zucker , der - sucre
Zug , der - train
zurück - derrière, de retour
zurückgeben, abgeben - donner, rendre, retourner
zurückkehren - retourner
zusammen, gemeinsam - ensemble
Zusammenfassung, die , das Resümee - résumé, plan
zustimmen - accepter, être en accord
zwanzig - vingt
zwei - deux
zweiter - deuxième
zwischen - entre
zwölf - douze
zwölfter - douzième

Buchtipps

Das Erste Französische Lesebuch für Anfänger
Stufen A1 und A2
Zweisprachig mit Französisch-deutscher Übersetzung

Das Buch enthält einen Kurs für Anfänger und fortgeschrittene Anfänger, wobei die Texte auf Deutsch und auf Französisch nebeneinanderstehen. Die Motivation des Schülers wird durch lustige Alltagsgeschichten über das Kennenlernen neuer Freunde, Studieren, die Arbeitssuche, das Arbeiten etc. aufrechterhalten. Die dabei verwendete Methode basiert auf der natürlichen menschlichen Gabe, sich Wörter zu merken, die immer wieder und systematisch im Text auftauchen. Sätze werden stets aus den in den vorherigen Kapiteln erklärten Wörtern gebildet. Das zweite und die folgenden Kapitel des Anfängerkurses haben nur jeweils etwa dreißig neue Wörter. Die Audiodateien sind auf www.lppbooks.com/Buch/Franzoesisch-Band1/ inklusive erhältlich.

Das Erste Französische Lesebuch für Anfänger Band 2
Stufe A2
Zweisprachig mit Französisch-deutscher Übersetzung

Dieses Buch ist Band 2 des Ersten Französischen Lesebuches für Anfänger. Die dabei verwendete Methode basiert auf der natürlichen menschlichen Gabe, sich Wörter zu merken, die immer wieder und systematisch im Text auftauchen. Sätze werden stets aus den in den vorherigen Kapiteln erklärten Wörtern gebildet. Die Audiodateien sind auf www.lppbooks.com/Buch/Franzoesisch-Band2/ inklusive erhältlich.

Das Erste Französische Lesebuch für Anfänger Band 3
Stufe A2
Zweisprachig mit Französisch-deutscher Übersetzung

Dieses Buch ist Band 3 des Ersten Französischen Lesebuches für Anfänger. Die dabei verwendete Methode basiert auf der natürlichen menschlichen Gabe, sich Wörter zu merken, die immer wieder und systematisch im Text auftauchen. Die Audiodateien sind auf www.lppbooks.com/Buch/Franzoesisch-Band3/ inklusive erhältlich.

Das Zweite Französische Lesebuch
Zweisprachig mit Französisch-deutscher Übersetzung
Stufe A2 B1

Der Privatdetektiv ist hinter der Frau her, die er liebt. Ehemaliger Luftwaffenpilot, entdeckt er einige Seiten in der menschlichen Natur, mit denen er nicht zurechtkommen kann. Das Zweite Französische Lesebuch ist ein zweisprachiges Buch für die Stufen A2 und B1. Neue Worte werden im Buch von Zeit zu Zeit wiederholt, dadurch können Sie sich leichter an sie erinnern. Die Audiodateien sind auf auf www.lppbooks.com/Buch/Franzoesisch-Band4/ inklusive erhältlich.

Das Erste Französische Lesebuch für Studenten
Zweisprachig mit Französisch-deutscher Übersetzung
Niveaustufen A1 A2

Das Buch enthält einen Kurs für Anfänger und fortgeschrittene Anfänger, wobei die Texte auf Deutsch und auf Französisch nebeneinander stehen. Die Dialoge sind praxisnah und alltagstauglich. Die Audiodateien sind auf www.lppbooks.com/Buch/Franzoesisch-Band10/ inklusive erhältlich.

www.ingramcontent.com/pod-product-compliance
Ingram Content Group UK Ltd.
Pitfield, Milton Keynes, MK11 3LW, UK
UKHW061828190726
13853UKWH00009B/2492